MUCHOS SON LOS LLAMADOS

SCOTT HAHN

MUCHOS
SON LOS LLAMADOS
Sobre la grandeza del sacerdocio

Segunda edición

EDICIONES RIALP
MADRID

Título original: *Many Are Called. Rediscovering the Glory of Priesthood*

© 2010 *by* SCOTT WALKER HAHN
Publicado por acuerdo con Doubleday Religion,
un sello de The Crown Publishing Group,
una división de Random House Inc.
© 2025 de la versión española realizada por Mari Luz Ponce,
by EDICIONES RIALP, S. A.,
Manuel Uribe 13-15 - 28033 Madrid
(www.rialp.com)

Primera edición: abril de 2011
Segunda edición: junio de 2025

Preimpresión: MT Color & Diseño, S. L.

ISBN (edición impresa): 978-84-321-7067-6
ISBN (edición bajo demanda): 978-84-321-7068-3
Depósito legal: M-7848-2025
Impreso en Anzos, S. L., Fuenlabrada (Madrid)

ÍNDICE

PRÓLOGO. Por el arzobispo Timothy Dolan 9

1. MEDIDAS DE MADUREZ: A diferencia de tantos otros
   Joe 11
   Campo y gracia 12
   La masculinidad y su caricatura 14
   La verdad oculta sobre los hombres 16
   Disponible para el servicio 17

2. EL DENOMINADOR COMÚN DEL SACERDOTE: Revi-
   sión de los puntos básicos 19
   No es un simple trabajo 20
   Por el bien de los sacramentos 21
   Por cualquier otro nombre 23
   ¿Qué hace a un sacerdote ser lo que es? 24
   Trabajar para lo más Alto 26
   Sacerdote para siempre 27

3. PATERNIDAD ESPIRITUAL: El sacerdote como padre . 29
   Un verdadero templo 30
   El Génesis del sacrificio 32
   Corazón de becerro 33
   Más allá de la biología 35

4. AL PIE DEL ABISMO: El sacerdote como mediador ... 37
   Corazones suplicantes 38
   Profetas y pérdidas 40
   Mediador de masas 42
   Cerrando la brecha 44
   Armados y dispuestos 44

5. NACIDO PARA MANTENER A LA FAMILIA: El sacerdo-
   te como abastecedor 46
   El maná de casa 47
   Padres ausentes 49
   Modales en la mesa 50
   Mantener la unión de cuerpo y alma 52
   El amor es como el oxígeno 53

6. VE, INSTRUYE A TODAS LAS NACIONES: El sacerdote
   como maestro 55
   Cierto y comprobado 56
   La unión de maestros 58
   Contacto visual 60

7. EL AMOR ES UN CAMPO DE BATALLA: El sacerdote
   como guerrero 63
   Batallas 65
   Ropajes sacerdotales 66
   Alistamiento por obligación 68
   La dedicación de la *Todah* 69

8. LAS ÓRDENES Y EL TRIBUNAL: El sacerdote como
   juez 72
   El don eterno del perdón 73
   El hombre de estado 75
   Sentido común 76
   La ley y las órdenes 78

9. CORAZONES INQUIETOS: El sacerdote como esposo . 80
   Principalmente masculino 81
   La multitud solitaria 82
   Preparado para la gloria 84
   Hasta la llegada del reino 85
   Rebosante de satisfacción 86

10. PARADOJA PROVIDENCIAL: El sacerdote como padre
    célibe 89
    Contando el número de los herederos 90
    Marginados enaltecidos 92
    Divina paternidad 94
    Signo de contradicción 95

11. COMPROMISO DE FRATERNIDAD: El sacerdote
    como hermano 97
    Trabajos superiores 99
    La imitación, el más sincero de los sacrificios 100
    Poniendo fin a los saltos generacionales 102

12. EL HOMBRE MISTERIOSO: El sacerdocio de la Nueva
    Alianza 103
    Labor en la sombra 105
    Así en la tierra como en el cielo 106
    Quien es padre una vez… 108

*Para Monseñor George Yontz, pastor, padre y amigo,
en agradecimiento por una vida de servicio sacerdotal
y por su dedicación a mejorar nuestras vidas.*

PRÓLOGO

Por el Arzobispo Timothy Dolan

Ya desde niño reconocí la existencia de algo especial en los sacerdotes. Sabía que sus responsabilidades eran de vital importancia, pues se encontraban siempre en los momentos más importantes de la vida: bautizos, comuniones, funerales o el lecho de muerte de un enfermo. Finalmente resolví que eran especiales porque eran hombres de Jesús, hombres que irradiaban júbilo al servicio de la Iglesia, hombres al cargo de las cosas de Dios. Sabía que sus vidas no eran nada fáciles, como tampoco lo fue la de Jesús. Y aun así, comprendía que sus sacrificios constituían el elemento que da sentido a la vida, como lo fueron los de Jesús. A partir de ese instante, decidí que quería ser sacerdote.

A diario doy gracias al Señor por la Iglesia, por el Pueblo de Dios, y especialmente por hombres como el Dr. Scott Hahn. En *Muchos son los llamados: Sobre la grandeza del sacerdocio*, el autor reflexiona en profundidad sobre el sacerdocio. Sus puntos de vista resultan cautivadores. Como antiguo ministro presbiteriano, ahora reconvertido en teólogo católico, y como esposo afectuoso y padre de seis hijos, Scott se fija en los sacer-

9

dotes desde una perspectiva incomparable. Afirma que «cuando los hombres comprenden de veras lo que es el sacerdocio, se sienten instintivamente atraídos hacia él. El sacerdocio es instintivamente atrayente». Uno de los puntos fuertes de este libro es su explicación del sacerdocio como una llamada de Cristo hacia los hombres para servir como padres, protectores y abastecedores del Pueblo de Dios.

A través de estas páginas, Scott Hahn acude a algunos argumentos de la historia de la salvación, se zambulle en las profundidades de la Sagrada Escritura, y esboza el plan de Dios para el sacerdocio. Por ejemplo, habla de Adán y de Abraham como prototipos sacerdotales, el primero por ser el padre de la humanidad y el segundo por interceder en favor de Sodoma; del mismo modo nos recuerda cómo sacerdotes y mediadores como Pedro y Pablo ejercieron el papel de padres al servir como colaboradores de Dios. Al igual que se suele identificar a los hombres por su profesión, por lo que hacen en su vida, Scott muestra cómo los sacerdotes se esfuerzan por imitar la Palabra que predican. Cada sacerdote es otro Cristo.

«Como Iglesia y como sacerdotes —afirmó el Papa Benedicto XVI— anunciamos a Jesús de Nazaret, Señor y Cristo, crucificado y resucitado, Soberano del tiempo y de la historia, con la alegre certeza de que esta verdad coincide con las expectativas más profundas del corazón humano». Y así es, pues el corazón humano sólo se satisface con Cristo. Tal como nos recuerda San Agustín en sus *Confesiones*, nuestros corazones no descansarán jamás hasta que descansen en Dios. Scott Hahn, uno de nuestros más destacados teólogos católicos, nos ayuda a distinguir el papel del sacerdote como mediador de la paz de Dios hacia su pueblo.

+ TIMOTHY M. DOLAN
Arzobispo de Nueva York

1. MEDIDAS DE MADUREZ

A diferencia de tantos otros Joe

Joe Freedy disfrutó del tipo de vida que mis amigos y yo envidiamos durante nuestra adolescencia. Empezó en la Universidad de Nueva York, en Buffalo, como *quarterback*. Los Bulls son una división de la NCAA (Asociación Nacional de Deportistas Universitarios), a la que siempre he apoyado, cuyos partidos se emitían a escala internacional en el canal ESPN y en otras cadenas deportivas. Siendo senior acabó en cuarta posición en la liga. Dos de los hombres en los primeros puestos, Ben Roethlisberger y Byron Leftwich, se convertirían en superestrellas de la Liga Nacional de Fútbol americano. Joe era un tipo que siempre aparecía en las listas de invitados imprescindibles en las mejores fiestas del campus, y se paseaba de una a otra junto con su compañero de piso, defensa en el equipo. Tenía el atractivo físico de las estrellas de cine, incluso cuando se quitaba el casco y la máscara protectora. La mayoría de las miles de universitarias sabían perfectamente quién era.

Mis amigos y yo soñábamos con una vida como la suya, con deportes que gratificaran nuestros impulsos competitivos, con cámaras de televisión que alimentaran nuestro ego, con chicas guapas que confirmaran nuestro atractivo, y con la promesa de unos ingresos prodigiosos gracias a un contrato profesional plagado de promociones. Para nosotros, todo ello se traducía en la culminación de la satisfacción plena. Marcaba una cota de madurez.

Joe Freedy era católico, como sus otros cuatro hermanos, hijo de padres piadosos, pero Dios, que ocupaba un lugar secundario en su vida, solía quedarse olvidado más allá de la línea de banda. Joe le confesó una vez a un reportero: «Lo único que me importaba era el fútbol y mi propia imagen. Dedicaba a Dios una hora cada domingo, y en cuanto ponía los pies en el aparcamiento, me olvidaba de Él hasta el domingo siguiente».

El fútbol y su imagen, en efecto, eran sus preocupaciones. ¿Qué más podía existir? El viejo cartel publicitario anunciaba su cerveza con escenas de deporte y fiesta, con el lema de «No existe nada mejor». Tal vez es lo que Joe Freedy creía.

Campo y gracia

Pero un día su padre le prestó un libro que hablaba sobre la Misa. Joe empezó a leerlo y descubrió que no podía parar. El libro presentaba la Misa en términos totalmente desconocidos para él. Basándose en la visión de Juan en el Libro del Apocalipsis, el autor hablaba de la Misa calificándola de «cielo en la tierra», y profundizaba en las implicaciones de la doctrina católica acerca de la Presencia Real. Jesús está verdaderamente presente en la Eucaristía (cuerpo, sangre, alma y divinidad), como cumplimiento de las promesas que realizó durante su ministerio terrenal. «Yo soy el pan vivo que ha bajado del cielo. Si alguno come este pan vivirá eternamente; y el pan que yo daré es mi carne para la vida del mundo» (Jn, 6, 51). «Y tomando pan, dio gracias, lo partió y se lo dio diciendo: Esto es mi cuerpo, que es entregado por vosotros» (Lc 22, 19).

«Y sabed que yo estoy con vosotros todos los días hasta el fin del mundo» (Mt 28, 20).

Joe continuó leyendo y aprendió que cuando un sacerdote cita las palabras de la consagración, «Esto es mi cuerpo», Cristo se hace presente, asistido por todos los ángeles y santos. Y lo hace con toda la gloria que ha poseído desde el inicio de los tiempos, toda la gloria que tendrá hasta el final de los días. Esta presencia es la pura definición del cielo. Constituye una especie de anticipo, ya que todavía no podemos verle en su gloria. Sin embargo, no por ello es menos real ni menos glorioso.

Estas verdades transformaron a Joe y estimularon sus deseos de acudir a la Iglesia. Así es como él mismo lo explicó: «Si una persona que jamás ha visto fútbol acude a un partido sin conocimiento alguno de reglas o estrategias, posiblemente no disfrutará del encuentro. Cuando entendí lo que ocurría en misa, disfruté de ella aún más».

Joe comenzó a acudir a Misa con más frecuencia, hasta que lo hizo a diario. Sus compañeros de equipo percibieron desde el principio un cambio drástico. Joe seguía siendo Joe, pero había madurado, se tomaba la vida más en serio, y había perdido el interés por las fiestas.

La nueva experiencia le hizo despertar a algo más. Escuchando con más atención en la oración, Joe no tardó en distinguir la voz del Señor. Dios le llamaba al sacerdocio.

Continuó la temporada y la acabó con excelentes resultados, terminando en tercera posición en Buffalo, cuyo programa de fútbol se enorgullecía de contar con una antigüedad de más de un siglo.

En la primavera de 2002 Joe se licenció en comunicaciones; tres meses después, comenzó sus estudios en el Seminario de San Pablo en Pittsburgh, donde seguiría un exigente programa de seis años como preparación para su ordenación. Continuó estudiando hasta obtener dos posgrados. El primero lo obtuvo en una universidad romana, y luego añadió a su brillante preparación unos estudios completos de lengua española en México, realizados durante su tiempo libre.

La mañana del sábado, 21 de junio de 2008, el Obispo David Zubik ordenó a Joseph Freedy sacerdote de Jesucristo. Era algo más que un nuevo partido, más que una nueva temporada, más que un nuevo equipo o una nueva carrera. Para Father Joe, aquel paso constituyó una nueva vida, una nueva forma de existencia. (Continuará más adelante.)

Al cabo de un año atendía como capellán a las Misioneras de la Caridad, la orden religiosa fundada por la Madre Teresa de Calcuta. Y estas, a cambio, le animaron a pasar las vacaciones de Navidad de 2008 en Etiopía, entre las gentes más pobres. Después, cuando regresó a Pittsburgh, no tardó en aparecer en las noticias al ser uno de los primeros clérigos en presentarse en la escena de un asesinato en masa que había ocurrido en un club deportivo de las afueras.

Son muchos los llamados al sacerdocio. No todos los hombres que responden a la llamada terminan con una historia como la de Joe, aunque todos ellos tengan su propia historia. En cambio, todos reciben lo mismo que Father Joe. Reciben el sacerdocio de Cristo y el poder divino de ofrecer los sacramentos a un mundo que los necesita.

Cada sacerdote recibe lo mismo que Father Joe. En última instancia, obtienen el cumplimiento sobrenatural de algo que Dios les dio por naturaleza: madurez, masculinidad. De ahí que consideremos al sacerdote como un «Padre».

Madurez, paternidad… no existe nada mejor.

La masculinidad y su caricatura

Sin embargo, los anuncios de televisión cuentan una historia diferente, ¿verdad? Todos los medios de comunicación populares se basan en ciertos estereotipos para transmitir una imagen de masculinidad. En lugar de su esencia, nos ofrecen machismo, que es la mera caricatura de la masculinidad.

Nos muestran a hombres sexualmente promiscuos, físicamente agresivos y ostentosamente ricos. Quieren que creamos que la medida de la masculinidad se encuentra en el dormitorio de un tipo y en sus proezas en el asiento trasero de un coche, en sus peleas (sublimadas, tal vez, hasta convertirlas en deportes competitivos) o en sus gastos pródigos.

Los estereotipos quieren hacernos creer que el cromosoma Y (el del varón) no se verá completo si le falta alguna de estas capacidades. Así lo creíamos mis amigos y yo cuando éramos adolescentes, aunque no creo que llegásemos a expresarlo nunca. Nuestros modelos masculinos eran atletas profesionales, estrellas del rock y jóvenes emprendedores y con éxito que vivían a lo grande. La decisión vocacional del *quarterback* Joe Freedy nos habría dejado perplejos, al igual que el sentido de plenitud de Father Joe Freedy.

No se equivoquen, no tengo nada en contra del deporte profesional, la música rock o el libre mercado. De hecho, soy ávido fan de los tres. Pero no creo que los medios de comunicación nos ofrezcan las mejores imágenes del hombre en estos ámbitos. El reportero se apresura hacia el boxeador con el fin de lograr las afirmaciones más atroces. Los paparazzi persiguen a un cantante por media California para conseguir una foto furtiva de éste con su amante. ¿Y por qué? Porque cualquier elemento provocativo contribuye a la «buena» televisión. Y un escándalo aporta «buenas» ventas a los periódicos.

Y repito, mi intención no es dejar el deporte o la música por los suelos. Por cada *prima donna* empachada de esteroides o cocaína hay también un Lou Gehrig, el jugador de primera base de los Yankees, que sin llamar la atención y armado de valentía disputó miles de juegos, incluso estando lesionado; alguien que siempre da propina, pero nunca para presumir; alguien que se preocupa por su madre. Hay también un

15

Roberto Clemente, *outfielder* de los Pirates, que arriesgó su vida en lo más álgido de su carrera, y la perdió al acudir en ayuda de las víctimas de un desastre natural en tierras lejanas.

Sin embargo, hemos de admitir que los estereotipos dominan los medios de comunicación, al igual que dominan la conciencia de tantos chicos jóvenes (y de otros muchos no tan jóvenes). Cuando el joven Joe Freedy aseguró que su vida giraba en torno «al fútbol y a su propia imagen», la imagen que tenía en mente era sin duda la de ese «gran tipo» que mostraban los anuncios publicitarios de cerveza en el descanso del partido. En cierto momento aprendió que el machismo no satisface, no completa al hombre, y descubrió algo que sí lo consigue.

La verdad oculta sobre los hombres

¿Por qué tantos hombres buscan satisfacción donde no la hay? ¿Por qué nos aferramos a ciertas caricaturas en lugar de a lo verdadero? ¿Por qué creemos en la masculinidad distorsionada que nos ofrecen los medios de comunicación?

Creemos en todo ello precisamente *porque* son caricaturas, falsificaciones, estereotipos. Todas estas falsedades están basadas en una verdad de la que dependen, aunque la simplifican, distorsionan o exageran en exceso.

Cuando los medios de comunicación reflejan al hombre como libidinoso, agresivo y avaro, están distorsionando en extremo los auténticos roles del varón (roles *paternales*), es decir, *de dador de vida, protector* y *abastecedor*. En el curso habitual de la vida familiar, un padre es progenitor; da vida a través de la expresión sexual del amor hacia su esposa. En el curso habitual de la vida familiar, un padre es quien *defiende* a la familia de amenazas externas; y en casos extremos esto puede conllevar una intervención violenta. En el curso habitual de la vida familiar, un padre *abastece* a su mujer y a sus hijos, no solo como la persona que trae el pan y el sueldo a casa, sino también como sabio consejero, paciente maestro y estable apoyo emocional.

¿Qué ocurre cuando estos roles se ven seccionados entre sí, escindidos de la paternidad, privados de su significado religioso y profundamente teológico?

Cuando esto ocurre, nos encontramos en la sociedad con hombres como los que aparecen en los medios de comunicación.

Y cuando esto nos ocurre a nosotros personalmente, nos hundimos en una profunda frustración, confusión e insatisfacción.

Lo que espero lograr en el trascurso de este libro es recuperar la verdad bíblica y teológica sobre el sacerdocio y la paternidad. He aquí el porqué: ambas realidades están profundamente relacionadas entre sí. Es más, describen los roles para los que los hombres (*varones*) fueron creados. Dios creó a los hombres para ser padres. Los llamó hombres para que fuesen padres. Y nuestros corazones seguirán inquietos hasta que descansemos dentro del rol para que el que fuimos creados, cuerpo y alma, y para el que fuimos llamados por Dios y por su Iglesia.

Soy un hombre felizmente casado, un padre orgulloso de sus cinco hijos y una hija, y abuelo de tres criaturas. Doy gracias a Dios por la paternidad que me ha otorgado. Y aun así, creo que ha conferido una paternidad más perfecta, y en última instancia más satisfactoria, a Joe Freedy y a quienes Él ha llamado al sacerdocio.

Disponible para el servicio

Me estoy adelantando. Esta es la verdad que deseo esclarecer en el resto del libro. Una verdad que Dios ha revelado desde el inicio de la creación, en la naturaleza y en las Escrituras. En los próximos capítulos, rastrearemos la argumentación que nos proporciona la «historia de la salvación», destacando el desarrollo de la paternidad y el sacerdocio de los hombres de Dios, cuando se empeñan en llevar a cabo su misión, entre éxitos y fracasos.

Si entendemos el punto de vista de Dios acerca de la paternidad y el sacerdocio, estaremos mejor preparados para ayudar a los hombres a discernir su vocación y vivirla con fidelidad, pues *muchos* son los llamados. De hecho, *todos* los hombres sienten la vocación de la paternidad de una u otra forma. Pero muchos son llamados a la paternidad del sacerdocio.

¿Qué es un sacerdote? La respuesta a esta pregunta se extiende a lo largo de la Biblia, pero se desprende de las enseñanzas de la Iglesia. Revisaremos las enseñanzas católicas básicas antes de explorar su poderosa fundamentación en las Escrituras.

¿Recuerda el lector el libro que cambió la perspectiva de Joe Freedy respecto al culto y que dio un giro al curso de su vida? Bien, mi oración se dirige a que este pequeño libro pueda hacer por el sacerdocio lo que aquel libro hizo por la misa, al menos en el caso de un *quarterback* en Buffalo, Nueva York. No es la vanidad lo que alienta mis esperanzas. Hablo desde el punto de vista de la experiencia. He escrito varios libros, y sé que escribir conlleva una ardua tarea para el autor.

Sin embargo, cuando se hace correctamente, leer puede convertirse en una colaboración entre el lector y el Espíritu Santo; y es en ese momento cuando la lectura de un libro es mucho más grandiosa que su escritura. Si logro que al menos un puñado de lectores acuda al Espíritu cuando lea estas páginas, mi plegaria habrá sido escuchada.

2. EL DENOMINADOR COMÚN DEL SACERDOTE

Revisión de los puntos básicos

Me crié presbiteriano, aunque en un vecindario en el que habitaban abundantes familias católicas. Por ello, no tardé mucho en darme cuenta de que mis amigos católicos eran distintos de mí y de mis amigos protestantes en numerosos aspectos. Tomemos como ejemplo la geografía. Tendíamos a marcar las lindes municipales de acuerdo con los distritos escolares: *¿Tú vas a Mount Lebanon o a Bethel Park?* Con sólo cruzar una calle, acudías a un colegio de secundaria diferente. Podrías considerarte en un país totalmente diferente.

Por su parte, los católicos dividían el territorio por parroquias. *¿Vas a la de St. Bernard o a la de St. Germaine?* E incluso daban un paso más en la geografía católica, pues cada parroquia era identificada por su párroco: Father Lonergan en la de St. Bernard, y Father Hugo en la de St. Germaine. En cierto modo me asombra que, aun habiendo crecido como presbiteriano, todavía me acuerde de estos detalles después de tantos años. En las clases de geografía del colegio tuve que memorizar las capitales de los principales países del mundo, y posiblemente no pueda citar hoy en día ni la mitad de ellas. No obstante, sí que recuerdo con claridad los nombres de las parroquias y de sus párrocos, a quienes jamás conocí. No importa, pues los países y sus capitales aparecen y desaparecen, mientras que las parroquias siguen en pie en su lugar, y los parroquianos todavía veneran los nombres de aquellos pastores.

Los católicos saben quiénes son sus sacerdotes, de eso no cabe duda. La pregunta es, ¿tenemos nosotros igual de claro *qué es un sacerdote*? Quizás no.

No es un simple trabajo

Si hubiese preguntado a mis antiguos amigos del vecindario, seguramente me habrían explicado que un sacerdote es a la parroquia católica lo que un ministro es a la iglesia protestante. Es el director general de todas las operaciones, la persona que preside el culto cada domingo.

En cierto modo así es. El «trabajo» que un sacerdote realiza a lo largo de una semana cualquiera puede mostrar en apariencia numerosas similitudes con el «trabajo» de un ministro protestante, cargo que yo mismo ocupé durante cierto tiempo antes de convertirme al catolicismo. Como pastor presbiteriano, prediqué sermones, aconsejé a la gente y visité a los enfermos. Me preocupé por las goteras del tejado de la iglesia, trabajé con las congregaciones de los «grupos de los mayores» y participé en programas para la recaudación de fondos. Todas estas obligaciones eran comunes a las del clero católico en las parroquias de la ciudad.

Sin embargo, existían otras diferencias más amplias y profundas entre nosotros, ministros protestantes, y ellos, sacerdotes católicos. Del mismo modo, existen diferencias amplias y profundas en la forma en que los sacerdotes católicos y los ministros protestantes entienden su oficio, su trabajo y su vida.

El ministro protestante apareció tras la Reforma protestante del siglo XVI, como un rechazo consciente a la concepción católica tradicional del sacerdote. De ahí que las diferencias sean fundamentales, hasta el punto de llegar a producir divisiones de larga duración entre los cristianos. No es mi intención hacer hincapié en las diferencias, pero considero que es indispensable que seamos conscientes de ellas, pues afectan a nuestro entendimiento del clero. Más aún para aquellos de nosotros que vivimos en sociedades cuya historia ha sido esculpida por el cristianismo protestante.

En un momento volveremos a centrarnos en esas diferencias. Por ahora, basta con que examinemos qué enseña la Iglesia Católica sobre el sacerdocio.

Por el bien de los sacramentos

Me gustaría dejar claro desde el principio que los sacerdotes son también *ministros*. Son ordenados para cumplir su ministerio. Y dado que la palabra *ministerio* significa «servicio», los ministros son siervos. El catecismo de la Iglesia deja muy claro que la vida de un sacerdote está consagrada «al servicio de»[1] sus feligreses. Tras la ordenación, considerará el resto de su vida como un «periodo de servicio». Lo que haga durante su ministerio deberá medirse «según el modelo de Cristo, que por amor se hizo el último y el servidor de todos. El Señor dijo claramente que la atención prestada a su rebaño era prueba de amor a Él»[2].

Ahora bien, un hombre puede servir de formas muy variadas a las personas de su comunidad. Puede cortar el césped de sus jardines, preparar sus impuestos, organizar los banquetes

---

[1] Catecismo de la Iglesia Católica, 1547, 1120.
[2] Ibid, 1551.

de bodas o cambiar el aceite a los coches, y todos estos propósitos serán nobles. No obstante, no es la manera en que un sacerdote es llamado a servir.

El Nuevo Testamento es bastante específico respecto al ministerio y a las principales obligaciones de los sacerdotes. Éstas son rituales y expiatorias, tal como leemos en la Carta a los Hebreos: «Porque todo Sumo Sacerdote, escogido entre los hombres, está constituido en favor de los hombres en lo que se refiere a Dios, para ofrecer dones y sacrificios por los pecados» (Hb 5, 1). ¿Qué podemos deducir de esto? Que un sacerdote es alguien que ofrece sacrificios. Es un mediador entre Dios y la humanidad. Y ésta es la verdadera naturaleza de su servicio.

Cuando Jesús ordenó trabajos específicos a sus apóstoles (de forma colectiva), estos trabajos eran invariablemente sacramentales y rituales. Lo vemos en cada uno de los Evangelios. Jesús ordenó a sus apóstoles que bautizaran: «Id, pues, y haced discípulos a todos los pueblos, bautizándolos» (Mt 28, 19). Les ordenó que dijeran Misa: «Y tomando pan […] lo partió […] diciendo: Esto es mi cuerpo […]. Haced esto en memoria mía» (Lc 22, 19). Les otorgó el poder de escuchar confesiones y absolver a los pecadores: «A quienes les perdonéis los pecados, les son perdonados; a quienes se los retengáis, les son retenidos» (Jn 20, 23). Les envió a ungir a los enfermos: «Y llamó a los doce y comenzó a enviarlos […]. Y […] ungían con aceite a muchos enfermos y los curaban» (Mc 6, 7-13).

Por ello, tanto entonces como ahora, el principal trabajo del sacerdote es litúrgico y sacramental. Un sacerdote puede ofrecer consejo, gestión, recaudación de fondos, y muchas otras cosas, pero se trata de trabajos puramente secundarios en su vida, ya que ha sido ordenado para el ministerio sacramental.

Así ocurrió en tiempos de Jesús, y así viene ocurriendo desde entonces. Este entendimiento del ministerio, sin embargo, era bastante reciente en tiempos de la Nueva Alianza. De hecho, se usa la misma palabra tanto en hebreo como en griego para describir el culto ritual y el trabajo manual. El término puede interpretarse como *servicio* (trabajo servil) o como *liturgia*. Incluso a día de hoy, nos referimos a nuestros actos de culto público como «servicios» y como «liturgias».

Por cualquier otro nombre

Esta dimensión sacramental es lo que convierte el ministerio católico en «sacerdotal». Cuando los autores bíblicos hablaban de los «ministros» del tabernáculo o del Templo, utilizaban una palabra especial para describirlos. En griego era *hiereus*, cuyo significado literal es «persona sagrada». Pero en inglés se suele traducir esta palabra como «priest», y en español, como sacerdote. Este título no significaba que esos hombres fuesen especialmente sabios, bondadosos o justos. Simplemente significaba que eran personas escogidas para las funciones sagradas. Su trabajo era sagrado porque Dios así lo había ordenado, no por ningún valor intrínseco del sacerdote.

Por ello, tanto en el Antiguo como en el Nuevo Testamento, los términos *sacerdote* y *ministro* se utilizan hasta cierto punto de manera intercambiable. Los sacerdotes cumplían con el ministerio expiatorio, prestando un servicio a la entera comunidad. San Pablo comprendió su misión en sentido sacerdotal. Habló de su llamada como de «la gracia que me ha sido dada por Dios de ser ministro de Cristo Jesús entre los gentiles, cumpliendo el ministerio sagrado del Evangelio de Dios» (Rm 15, 15-16).

Con la llegada de Cristo se produjo un «cambio en el sacerdocio» (Hb 7, 12). El propio Jesús era ahora sacerdote de la Nueva Alianza. De hecho, San Pablo habló de Jesús como sacerdote expiatorio a la vez que víctima expiatoria (cfr. Ef 5, 2).

Pero Jesús también compartió su sacerdocio con aquellos hombres a quienes designó como apóstoles; les ordenó que observaran los ritos que él estableció, los sacramentos de la Iglesia, los sacramentos de la Nueva Alianza. Como sacerdote de Cristo, San Pablo podía reclamar los derechos anteriormente reservados solo al sacerdocio del Templo de Jerusalén. «¿No sabéis que los que se dedican al culto reciben el sustento del culto, y que los que sirven al altar participan del altar? Así también ha ordenado el Señor a los que anuncian el Evangelio, que vivan del Evangelio» (1 Co 9, 13-14).

El término inglés *priest* (presbítero en español) procede de otro término del Nuevo Testamento, del griego *presbuteros* (que los latinos redujeron a *prester*). La palabra aparece con frecuencia en el Nuevo Testamento, y suele traducirse como «el mayor». En la Carta de Santiago (5, 14), por ejemplo, se describe a los hombres (sin duda alguna en referencia a los cristianos más maduros) que recibieron la llamada al ministerio sacramental. Ahí los vemos ungiendo a los enfermos y perdonando los pecados.

¿Qué hace a un sacerdote ser lo que es?

A diferencia de los sacerdotes de la Antigua Alianza, el sacerdocio de Jesucristo no le llegó a los hombres por herencia o descendencia carnal. Les llegó por vocación. Cristo miró a los hombres a los ojos y les dijo: «Seguidme» (por ejemplo, en Mt 4, 19 y 9, 9). De ahí en adelante, fueron separados para el servicio.

Llegado el momento oportuno, esos hombres transmitieron su ministerio sacerdotal mediante un rito sacramental: la imposición de manos (cfr. Hechos 6, 6). Los apóstoles impusieron sus manos ritualmente sobre aquellos hombres que se convertirían por ello en sus colaboradores y sucesores. Mediante este rito de ordenación, los apóstoles confirieron el don del sacerdocio a una nueva generación (cfr. Tm 1, 6). Y así se ha ido transmitiendo a través de los milenios, hasta llegar a los sacerdotes que nos sirven en la actualidad.

Mediante esta acción, quienes son ordenados reciben el Espíritu de Jesucristo, y de este modo reciben el poder para realizar acciones que resultan totalmente divinas.

Tan estrecha es su comunión con Jesús que le representan (le *re-presentan*). Cuando San Pablo perdonaba pecados, aseguraba hacerlo *en prosopo Christou* (2 Co 2, 10). Este término griego, *prosopo*, está plagado de connotaciones. Literalmente significa «rostro», pero también puede significar «persona» o «presencia». En nuestro idioma, estas palabras y otros términos cercanos tienen significados que se solapan. Si estoy *presente*, estoy aquí en *persona*. Y mi *persona* es otra palabra utilizada para definir el *rostro* que te muestro.

La Biblia latina tradujo esa frase como *in persona Christi*. Por tanto, la tradición siempre la ha leído como *en la persona de Cristo* (cfr, por ejemplo, el *Catecismo de la Iglesia Católica*, 1142, 1348, 1548, 1563, 1566 y 1591).

Así es como San Pablo entendió su sacerdocio, y así es como lo entendemos a día de hoy: ser la presencia, la persona y el rostro de Cristo, Sumo Sacerdote. Por el sacramento de las Sagradas Órdenes, un hombre ejerce la misión confiada por Cristo de manera única y permanente, recibiendo el poder de realizar lo que sólo Cristo tiene el derecho y el poder de hacer. Por tanto, la tradición católica se refiere al sacerdote como *alter Christus* (otro Cristo). En palabras de San Ignacio de Antioquía (contemporáneo de los apóstoles), mediante el orden sagrado un hombre se convierte, como Cristo, en la viva imagen de Dios Padre (cfr. CCC 1549, Jn 14,9, Col 1, 15). De ahí que no dudemos en dirigirnos a Él como «Padre».

Se trata de un privilegio, sin duda alguna, pero no es un privilegio que pueda merecerse. Es un regalo de Dios, y es también un ministerio, un servicio a la Iglesia. Dios lo otorga para que el sacerdote pueda fortalecer la santidad de los cristianos dispensando la gracia desde las propias manos de Cristo mediante las aguas sagradas del bautismo, el pan vivo de la Eucaristía y los aceites sagrados de la unción.

Trabajar para lo más Alto

La Iglesia católica ordena el rango del clero mediante una *jerarquía*. Ahora bien, si queremos entender lo que verdaderamente significa este término, tenemos que desprendernos de algunos de sus usos más comunes. Cuando hablamos de jerarquía en un negocio, tal vez evocamos la «escalera corporativa», a la que los ejecutivos se aferran para subir hasta lo más alto, pisando si es necesario las espaldas de sus subordinados. Cuando hablamos de jerarquía en el campo político, la imagen no es mucho más alentadora. Nos imaginamos la «maquinaria política» dirigida por gobernadores todopoderosos, una máquina que tritura a los candidatos antes de escupirlos lejos.

Desafortunadamente, en ocasiones nos vienen a la mente estas imágenes cuando pensamos en la jerarquía eclesiástica. Cuando esto ocurre, concebimos el ministerio como una gestión, según el modelo corporativo o político. A cierto nivel, esperamos que no sea más que una meritocracia, donde se otorga el poder al más cultivado, y tal vez así queremos que sea.

Sin embargo, no es así como funciona la jerarquía en el ámbito espiritual. La propia palabra deriva de dos términos griegos que significan «orden sagrado». Este orden sí que es piramidal, pero a diferencia de los gráficos corporativos o políticos, la pirámide está boca abajo. Quienes han recibido dones espirituales superiores deben servir a quienes han recibido menos dones. Jesús dijo a sus apóstoles en su primera clase de ordenación: «Si alguno quiere ser el primero, que se haga el último de todos y servidor de todos» (Mc 9, 35).

Sí, el sacerdote sigue de forma muy especial las directrices de Cristo, Hijo de Dios; pero Cristo se vació a sí mismo, se humilló «tomando la forma de siervo» (Flp 1, 7). De ahí que los sacerdotes sean ministros porque son Cristo para el mundo, y Cristo es un ministro, un siervo. Así funciona el principio a lo largo y ancho de la jerarquía eclesiástica. Los obispos deben servir a sus sacerdotes así como al laicado. Y el Papa debe estar a la altura de su título honorífico: «Siervo de los siervos de Dios».

Como dije antes, un sacerdote es alguien que media entre el hombre y Dios. Un sacerdote es alguien que ofrece sacrificios. En la Carta a los hebreos aprendemos que el propio Jesús era el perfecto sacrificio, ofrecido «de una vez para siempre» (Hb 10, 10); pero será a través de las manos de sus sacerdotes de la Nueva Alianza como su sacrificio llegará a «todos» por medio de los sacramentos. Aprendemos en la Primera carta de San Pablo a Timoteo que «uno solo es Dios, y uno solo también el mediador entre Dios y los hombres: Jesucristo hombre» (1 Tm 2, 5); pero en el mismo capítulo encontramos que hemos de compartir su mediación intercediendo por «todos los hombres» (2 Tm 2, 1).

Sacerdote para siempre

Cuando un hombre recibe el sacramento del Orden Sagrado, cambia para siempre. El sacramento confiere un carácter permanente, al igual que el bautismo. Una vez bautizado, uno ha cambiado para siempre. Es cristiano para siempre. Y como recuerda el dicho: una vez católico, siempre católico. Puede que en ocasiones sea el lector un cristiano inmoral, o incluso un cristiano perdido. Pero siempre será cristiano, porque el carácter del bautismo es permanente.

De igual forma, una vez que un hombre es ordenado, éste será «sacerdote para siempre» (Sal 110, 4; Hb 7, 21). Puede tratarse de un sacerdote inmoral o, en caso de que la Iglesia lo haya sancionado, un sacerdote apartado del sacerdocio que ya no puede celebrar los sacramentos ni ser llamado «Padre». Pero seguirá siendo sacerdote.

Como antes mencioné, el poder sacramental no depende de que uno lo merezca o no. Cristo lo merece todo. Es todopoderoso, puro, libre de pecado, y es él quien actúa en la persona del sacerdote, a través de su voz y sus manos. Y esto ocurre a pesar de sus debilidades e incluso de sus pecados. Así ha sido desde la primera generación, cuando Jesús ordenó tanto a Pedro como a Judas. San Agustín lo expresó con convicción: Cuando Pedro bautiza, es Cristo quien bautiza; cuando Judas bautiza, es Cristo quien bautiza.

Y deberíamos entenderlo como buenas noticias. Para nosotros es muy duro soportar el escándalo, mas hemos de aceptarlo: es parte de la vida en la tierra, y lo será hasta que Dios nos llame a su reino. Nadie es merecedor de la misión confiada por Cristo. Nadie es merecedor del servicio de Dios.

Al fin y al cabo, ¿quién puede hacer lo que Cristo ordenó cuando dijo «haced esto en memoria mía»? ¿Quién de entre nosotros es capaz de realizar los prodigios divinos, las maravillas que ocurren cuando un sacerdote unge o absuelve?

Estas acciones no son simplemente difíciles. ¡Son humanamente imposibles! Aun así, son muchos los llamados a realizarlas, y son llamados por Dios, que es quien más sabe de todo. Para llevar a cabo su trabajo, los sacerdotes reciben el poder de Dios, capaz de realizar todas las cosas. Y ellos *pueden* también realizar todas las cosas en Él, que les otorga fortaleza para ello (cfr. Flp 4, 13).

3. PATERNIDAD ESPIRITUAL

El sacerdote como padre

Sacerdocio y paternidad: hemos hablado de dos vocaciones estrechamente relacionadas. Por un lado, esta combinación se enfrenta a la intuición. Como católicos romanos, estamos acostumbrados a los sacerdotes que se comprometen a llevar una vida en celibato. No contraen matrimonio, no salen con mujeres ni anhelan las virtudes propias del matrimonio. Excepto en el caso poco frecuente de viudos que han sido ordenados, en general no asociamos la vida de un sacerdote con la vida de un padre.

Sin embargo, paradójicamente, sí lo hacemos. Nos dirigimos al sacerdote como «Padre», siguiendo una costumbre cristiana que data de tiempos de los apóstoles. La costumbre es, de hecho, ancestral, pero la relación entre sacerdocio y paternidad se remonta a mucho antes: es una relación prehistórica. La Biblia establece esta conexión en los albores de la creación, y la doctrina cristiana se anticipa aún más y la establece en la propia vida de la Trinidad.

De ahí que el tema resulte primordial y que merezca toda nuestra atención.

Comencemos nuestra investigación en «los inicios», en la creación del hombre tal como aparece en las primeras páginas de las Escrituras.

Un verdadero templo

Cuando consultamos los capítulos iniciales del Libro del Génesis, leemos que Dios crea al hombre de la nada, del mero polvo de la tierra, y le infunde vida. El término hebreo para hombre o humanidad es *Adam* (Adán), y llegamos a conocer a nuestro primer ancestro por ese nombre. La narración, tanto implícita como explícitamente, distingue al hombre del resto de la creación, pues Adán recibió «el aliento de la vida, y el hombre se convirtió en un ser vivo» (Gn 2, 7). El autor sagrado afirma que esto no ocurre con ninguna otra criatura. De ahí que ese *aliento* no signifique puramente oxígeno. Los animales respiran, al igual que las plantas, pero aparentemente no recibieron lo que Adán recibió de Dios.

Puede que el significado quede más claro en el idioma original. En hebreo (al igual que en griego), las mismas palabras significan «aliento» y «espíritu». Adán recibe así el Espíritu de Dios. Por tanto, y desde el inicio, recibe la comunión con la propia vida de Dios. Él tiene el poder de participar en esa vida, de compartirla, de vivirla.

Dios le dijo a Adán cómo vivir una vida divina en la tierra. Le otorgó el «dominio» sobre el resto de criaturas y le ordenó «creced y multiplicaos, llenad la tierra y sometedla» (Gn 1, 28). A continuación, «el Señor Dios tomó al hombre y lo colocó en el jardín de Edén para que lo trabajara y lo guardara» (Gn 2, 15; en hebreo se expresa con más precisión: «para servirlo y guardarlo»).

Cuando el Libro del Génesis describe estos actos de la creación, recurre a un lenguaje de propósito. No solo aprendemos lo que Dios hace, sino que también obtenemos cierta visión de por qué lo hace. Dios pone al hombre en el jardín por una razón: «para trabajarlo y guardarlo». A veces manifiesta su propósito en forma de mandato, como cuando pide a Adán que llene la tierra y la someta, y que crezca y se multiplique. A través de estos propósitos comenzamos a descubrir el misterio del diseño del hombre.

Porque las obligaciones de Adán tienen una razón de ser. Dios creó al hombre, mediante la creación y mediante la llamada, para que fuese abastecedor, protector, progenitor y guardián. Dios le creó para que fuese padre.

Así es como la religión bíblica ha comprendido siempre el papel de Adán. Al igual que Eva fue la «madre de todos los vivientes» (Gn 3, 20), Adán fue el padre de la raza humana. Las Escrituras dan por hecho esta paternidad. Todos los hombres, leemos, son «hijos de Adán» (Sir 40, 1; cfr. también Tb 8, 6 y Sir 33, 10). Aun así, tanto para los antiguos israelitas como para los posteriores cristianos, la paternidad de Adán no se reducía a la transmisión de su material genético. Ni siquiera era la simple suma de un puñado de obligaciones masculinas estereotipadas. Consistía en algo más, algo mucho más profundo. La Biblia deja claro que la paternidad de Adán era, por encima de todo lo demás, un sacerdocio.

El mandato a Adán no es ni más ni menos que una ordenación. Adán está en el jardín de Edén para «trabajarlo y guardarlo», para servirlo y guardarlo. Los verbos hebreos para estas dos actividades (*'abodah* y *shamar*) aparecen juntos en todos los Libros de Moisés, los cinco primeros libros de la Biblia, únicamente para describir el ministerio de los sacerdotes y de los Levitas en el lugar sagrado (cfr. Nm 3, 7-8; 8, 26; 18, 5-6). Estas pistas literarias (junto a muchas otras) sugieren que la intención de Dios era que la creación fuese un templo real, construido por un rey celestial y servido por un sacerdote que comparte ciertas prerrogativas divinas; una criatura divinizada que, a través de su sagrado trabajo, se convierta en co-creador de Dios.

El Génesis del sacrificio

En el acto de la creación, Dios realizó una *alianza* con el cosmos. En el mundo antiguo, una alianza constituía una promesa, sellada mediante solemne juramento, que establecía un vínculo familiar sagrado entre dos partes, anteriormente sin relación alguna. El matrimonio era una alianza. La adopción era una alianza. Los tratados nacionales podían también ser alianzas, a través de las cuales una nación se convertía en hija, y por tanto en responsabilidad de otra. La nación «padre» recibiría obediencia y defensa por parte de la nación «hija».

Una alianza era un acto ritual, sellado mediante un sacrificio profundamente simbólico y una comida. Podía ser renovado a intervalos, como por ejemplo en un aniversario, mediante una nueva promulgación del sacrificio. Y cada alianza tenía sus propias consecuencias. Las *bendiciones* se otorgaban como recompensa a quienes eran fieles a los términos del juramento. Las *maldiciones* eran los castigos impuestos por las infidelidades.

Estos sacrificios rituales constituían el trabajo de los sacerdotes, quienes también podían otorgar bendiciones o pronunciar maldiciones. Mas, ¿quiénes eran los sacerdotes en los primeros días de la raza humana? Recordemos, de nuestro capítulo anterior, que un sacerdote es alguien que ofrece sacrificios y que sirve como mediador entre Dios y el hombre.

A través del Libro del Génesis, todo el sacerdocio perteneció a los padres, y ellos representaron este papel dentro de la familia. Fue Noé quien construyó un altar y ofreció un sacrificio (Gn 8, 20) en nombre de su familia. Lo mismo hizo Abraham (Gn 12, 8, etc.). Lo mismo hizo Jacob (Gn 28, 18, etc.). Bendijeron a sus hijos (cfr. por ejemplo, Gn 27, 28-30), e incluso en ocasiones, anunciaron las malas noticias de las maldiciones de la alianza (cfr. Gn 9, 25).

El sacerdocio de Adán había sido un asunto muy sencillo. Dios le creó y le llamó para entregar *toda su vida* como sacrificio por amor. Sin embargo, cuando fue puesto a prueba, falló. Cuando fue tentado por la serpiente embustera y diabólica (cfr. Jn 8, 44), eligió desobedecer a Dios y salvar el pellejo en lugar de ofrecer su vida por salvar a su esposa.

Y mediante la desobediencia, el orgullo y la cobardía, renunció a sus obligaciones sacerdotales. Por ello, perdió todo el derecho sacerdotal absoluto del que había disfrutado como privilegio.

Tras el fracaso de Adán, encontramos que los hombres ejercen el sacerdocio de forma más ritual y ardua: ofreciendo deliberadamente a Dios una parte de los frutos de su trabajo. Como habían sido expulsados del santuario del jardín, tuvieron que construir sus propios lugares sagrados. Necesitaron también realizar de forma física y simbólica lo que Adán no había logrado de forma espiritual: ofrecer sus servicios y proteger el santuario de peligros y profanaciones.

Éste fue el trabajo primordial de los padres a lo largo del periodo denominado como *patriarcal*, es decir, el tiempo de los padres. Como padres, eran sacerdotes. Eran mediadores y ministros del sacrificio, guardianes de la alianza con Dios. Y por medio de sus bendiciones, fueron pasando su sacerdocio a los primeros hijos varones.

El Libro del Génesis relata historias de batallas, viajes, desastres feroces en el mar, artimañas, lealtad y celos; pero el argumento se centra verdaderamente en las acciones sacerdotales de los padres: sus bendiciones y maldiciones, sus sacrificios y su mediación.

Corazón de becerro

Mientras las tribus de Israel padecieron la esclavitud en Egipto, permitieron que sus costumbres ancestrales cayeran en desuso. Muchas de estas personas fueron cayendo en la idolatría y abandonando la religión de sus maestros. Una vez

33

que Dios los liberó de su esclavitud, nombró a un clan, la familia de Aarón, para que éstos sirvieran a la nación como sacerdotes. Para este propósito serían ordenados y habrían de vestir un atuendo sagrado: «Les ceñirás con cinturones y les pondrás tiaras. A ellos pertenece el sacerdocio por ley perpetua. Así investirás a Aarón y a sus hijos» (Ex 29, 9).

El alto sacerdocio pasó a pertenecer a Aarón y a sus hijos; pero dentro de las familias, los padres siguieron cumpliendo un papel sacerdotal, al menos durante un tiempo. Más tarde, sin embargo, estos hijos de Adán decidieron apartarse del sacerdocio, al igual que su padre primitivo hiciera. A semejanza de Adán, que perdió el derecho a su sacerdocio a través del pecado mortal, estos hijos de Adán, familia de patriarcas, perdieron su propio derecho. Cuando el pueblo de Israel vagaba por el desierto, perdió la paciencia con Moisés y Aarón (y con Dios) y regresó a la adoración de un ídolo egipcio. El pueblo dijo: «Anda, haznos un dios que vaya delante de nosotros, pues de ese Moisés que nos sacó del país de Egipto no sabemos qué ha sido de él» (Ex 32, 1). Y las tribus de Israel adoraron a su becerro de oro con ritos orgiásticos: «Al día siguiente se levantaron temprano, ofrecieron holocaustos y presentaron sacrificios de comunión. Después el pueblo se sentó a comer y a beber, y luego se levantaron para divertirse» (Ex 32, 6). Tal como los antiguos rabinos explicaron: el becerro de oro fue para Israel lo que la fruta prohibida fuese para Adán.

A partir de ese momento, Dios entregó el sacerdocio a la única tribu que se levantó para castigar el pecado de aquella idolatría, los hijos de Leví (Ex 32, 28-29), que pasaron así a cumplir este papel en Israel durante un milenio y medio. El sacerdocio se transmitió de generación en generación en forma de herencia. Se convirtió en algo genético y de patrimonio exclusivo de los varones levitas.

No obstante, en el Libro de los Jueces observamos que esta transición a un sacerdocio exclusivamente en manos de los hijos de Leví estuvo plagada de baches. Una vez establecidas en la tierra prometida, las familias no levitas siguieron manteniendo un sacerdocio doméstico, que se transmitía de padres a hijos. En el capítulo 17 encontramos a un hombre llamado Micá, que consagra a su hijo como sacerdote con el propósito de rendir culto en el altar familiar. Sin embargo, cuando un levita aparece en el hogar de la familia, Micá le ruega: «Quédate conmigo y te tendré como padre y sacerdote» (Jc 17, 10). Un capítulo más tarde, el ruego de Micá es repetido, casi textualmente, por los danitas, al invitar al levita a convertirse en sacerdote de toda su tribu: «Ven con nosotros; te tendemos como padre y sacerdote» (Jc 18, 19).

Durante este periodo de transición observamos algo revelador: aunque el sacerdocio se transmite a través de la primitiva y universal forma de acuerdo padre-hijo, todavía está asociado a la paternidad. Un sacerdote es siempre un padre espiritual para el pueblo al que sirve, tanto si es su progenitor como si no.

Más allá de la biología

Con la Nueva Alianza llegó otro «cambio en el sacerdocio» (Hb 7, 12). Como Hijo de Dios, Jesús restauró el sacerdocio natural y original de Adán haciendo partícipes de él a quienes reciben, mediante el bautismo, nueva vida en su nueva creación. Los cristianos somos un reino de sacerdotes (cfr. Ap 1, 6 y P 2, 5) en Cristo, que es el nuevo Adán (1 Co 15, 22, 45). Cristo, el nuevo Adán, cumplió con el papel para el que el viejo Adán había sido creado y llamado, y que no logró llevar a cabo.

Y aun así, Jesús también estableció un orden de sacerdotes que sirven a su Iglesia a través del ministerio sacramental. Como vimos en el capítulo anterior, estableció su sacerdocio para la administración de sus misterios, sus sacramentos. San Pablo, por ejemplo, se consideró a sí mismo como mediador (2 Co 5, 18) y ministro del sacrificio (Rm 15, 15-16). Era sacerdote. Y puesto que era sacerdote, era también padre espiritual. San Pablo exhorta a los corintios: «Pues aunque tengáis diez mil pedagogos en Cristo, no tenéis muchos padres, porque yo os engendré en Cristo Jesús por medio del Evangelio» (1 Co 4, 15; cfr. también 1 Ts 2, 11). San Juan manifiesta la misma actitud básica al dirigirse a sus interlocutores como «mis hijos» (3 Jn 4) y como «hijos míos» (1 Jn 2, 1).

Al actuar en la persona de Cristo, el sacerdote ordenado es la imagen de Dios Padre. Observamos en él una paternidad que va más allá de la dimensión biológica. En un hombre mortal, encontramos un sacerdocio cuya ofrenda tiene alcance eterno.

La vida de un sacerdote es, como tenía que haber sido la de Adán, un acto total de entrega personal. Esa es la razón del celibato: quedar libre para el ministerio y el servicio a la Iglesia.

Una vez libre, el sacerdote podrá entregarse por completo, sin limitación alguna, tal como el Padre eterno entrega su vida al Hijo. Una vez libre, puede corresponder a ese amor, sin limitación alguna, tal como el Hijo entrega su vida en el amor al Padre. La vida que comparten, y la vida que el sacerdote está autorizado a compartir con su pueblo, es el Espíritu Santo.

En la Nueva Alianza, por tanto, el sacerdocio en sí mismo se ha convertido en una revelación de la Santísima Trinidad, una revelación del cielo en la tierra.

Esto es mucho más de lo que Adán recibió en el principio de la creación. En el nuevo Adán, el sacerdocio natural ha sido restaurado, pero también ha sido perfeccionado y elevado mediante el ministerio de un sacerdocio sobrenatural, que comparte en calidad de hijo de Cristo y que es, por tanto, imagen de la paternidad de Dios.

4. AL PIE DEL ABISMO

El sacerdote como mediador

Me gustaría poder decir que aprendí el trabajo de «mediador» aplicándome, a edad temprana, para aprender las lecciones de la Sagrada Escritura y del catecismo. Pero no sería cierto. La primera vez que recuerdo ser consciente de lo que era un «mediador» fue en los primeros tiempos de la agencia libre en los deportes profesionales. El mediador era un tipo a quien se llamaba cuando un jugador estrella y su equipo habían llegado a un punto muerto en las negociaciones de su contrato. La crispada relación tal vez necesitaba de un profesional que actuara en parte de intermediario, mensajero, traductor, abogado y juez.

Un mediador es, literalmente, un intermediario, un negociador que restablece la amistad de las dos partes distanciadas entre sí. El mediador resuelve sus diferencias y pone fin a la hostilidad.

Es, pues, un punto excelente para comenzar nuestro estudio sobre los mediadores sacerdotales. Tras la caída de Adán, la humanidad se distanció de Dios, y esta relación requirió sin duda de cierta mediación. Incluso aunque el lector y yo no

37

seamos personalmente culpables de la transgresión de Adán, seguimos teniendo «algo de culpa». La humanidad se encuentra a sí misma al borde de una sima, como sucede en el Gran Cañón, un abismo, una brecha que nos separa de la comunión con Dios para la cual fuimos creados.

En ocasiones Dios envió a sus ángeles como intermediarios e interlocutores. Pero también llamó a mediadores de entre su pueblo. Hizo surgir profetas, reyes y sacerdotes, hombres que se mantuvieron al pie de ese abismo y que rezaron, trabajaron y ofrecieron sacrificios para repararlo. Representaban a Dios ante su pueblo. Representaban al pueblo ante Dios.

Corazones suplicantes

Pensemos en Abraham. Cuando la narración del Génesis alcanza el capítulo 18, el patriarca (por entonces llamado Abrán) recibe la enemistad de los hombres de Sodoma, una muchedumbre inmoral. Tras recibir a tres visitantes misteriosos, claramente mensajeros celestiales, aparecen los sodomitas con la intención de violarlos.

Dios le reveló a Abrán el plan divino para juzgar a Sodoma (Gn 18, 17-21). Pero sabiendo que la ciudad no resistiría la justicia de Dios, ¡Abrán realizó una súplica en nombre de sus perseguidores! Le preguntó a Dios: «¿Vas a destruir al justo con el malvado? Quizá haya cincuenta justos dentro de la ciudad» (Gn 18, 23-24). A continuación trató de negociar, primero logrando que el Señor accediera a perdonar a la ciudad por el bien de cincuenta ciudadanos justos. «Si encuentro en Sodoma cincuenta justos dentro de la ciudad, la perdonaré en atención a ellos» (Gn 18, 26). No contento con su éxito, Abrán negoció con Dios que se redujese la cifra a cuarenta y cinco, y después a cuarenta, más tarde a treinta, a veinte, y finalmente a diez. Tras acceder Dios a su petición, Abrán no encontró ni diez ni uno solo, pero todavía confiaba en su papel como negociador.

La brecha abierta entre Dios y Sodoma era amplia, sin duda alguna, pero Abrán, por pura compasión, deseaba llevar a cabo allí su papel de mediador. Al leer el Antiguo Testamento encontramos a muchos otros que se ofrecieron para realizar la tarea de mediador e intercesor mediante la oración. El rey David intercedió para salvar a Israel de la ira de Dios (cfr. 1 Cr 21, 16). Salomón, el rey-sacerdote, rezó en nombre de todo su reino (1 R 8).

Sin embargo, el mayor de los mediadores del Antiguo Testamento, con mucho, fue Moisés. Fue él quien representó a Dios al revelar la ley a Israel. Fue él quien anunció las intenciones de Dios ante el Faraón. Al igual que hizo Abrán antes que él, suplicó a Dios piedad cuando el pueblo pecó del modo más grave. Dios había liberado a los israelitas de la esclavitud mediante asombrosos milagros (separando finalmente las aguas del Mar Rojo) y les había prometido un hogar en una tierra que manaba leche y miel. Sin embargo, ellos fueron ingratos e impacientes con las penurias de su recién encontrada libertad. Perdieron el interés en Dios, que les había llevado hasta allí, y decidieron adorar a los ídolos egipcios, el dios toro Apis, representado por un becerro de oro.

Merecían morir por ello, al menos tanto como lo merecieron los ciudadanos de Sodoma. Mas Moisés apeló a Dios en nombre de ellos. De hecho, llegó a presentarse como víctima para morir en su lugar: «Volvió, pues, Moisés hasta el Señor y dijo: ¡Ay! Este pueblo ha cometido un pecado gravísimo, haciéndose un dios de oro. Ahora bien, si les perdonaras su pecado... Si no, bórrame a mí del libro que tú has escrito» (Ex 32, 31-32).

El propio Moisés habló de su trabajo como mediador, destacando su importancia dado el distanciamiento entre el pueblo y Dios. «En aquella ocasión yo me puse entre el Señor y vosotros para anunciaros sus palabras, porque estabais temerosos por el fuego tremendo y no subisteis a la montaña» (Dt 5, 5).

Aun así, Moisés no estaba solo. Posiblemente le dio gracias a Dios por ofrecerle una dinastía de sacerdotes que servirían como mediadores ante Dios, ofreciendo sacrificios y una oración de intercesión, y expiando los pecados del pueblo (cfr., por ejemplo, Ex 29, 36-37). La tribu de Leví sería, además, una tribu de predicadores y guías: «Ellos enseñarán tus normas a Jacob, y tu ley a Israel; ofrecerán incienso ante tu rostro y holocaustos sobre tu altar» (Dt 33, 10).

Profetas y pérdidas

Tal como hemos visto, los levitas eran sacerdotes y mediadores, tanto por ley como por derecho de nacimiento. En el milenio posterior a Moisés, con frecuencia fracasaron en su intento por vivir a la altura del honor recibido. Disfrutaron del prestigio asociado al sacerdocio, pero no siempre correspondieron con el trabajo duro y el sacrificio y, ciertamente, las exigencias sobre su pureza moral. Este tema es una constante en los escritos de los profetas. A través del profeta Malaquías, Dios denuncia a los sacerdotes como «trapaceros» (Ml 1, 14), que ofrecen en sacrificio animales tarados y enfermos. Isaías también se quejó: «El sacerdote y el profeta se tambalean por el licor, están absorbidos por el vino, dan traspiés por el licor, desatinan en su visión, titubean cuando juzgan» (Is 28, 7). Dirigidos por estos mediadores delincuentes, el pueblo se alejó más aún de Dios y se sumergió en el pecado.

En ningún lugar se condena esta situación con más intensidad que en el Libro del Profeta Oseas:

Sin embargo, que nadie ponga pleito,
que nadie se querelle.
Pero ¡contra ti pongo mi pleito, sacerdote!
Tú caerás en pleno día,

y también caerá contigo el profeta en plena noche;
y haré perecer a tu madre.
Perece mi pueblo por falta de conocimiento.
Puesto que tú rechazaste el conocimiento,
Yo te rechazo de mi sacerdocio.
Puesto que olvidaste la Ley de tu Dios,
Yo también me olvidaré de tus hijos.
Cuanto más son, más pecan contra Mí:
Yo cambiaré su gloria en ignominia.
Se alimentan del pecado de mi pueblo,
y están ávidos de su culpa.
Pueblo y sacerdote correrán la misma suerte:
les pediré cuenta de su conducta,
y les retribuiré según sus obras.

(Os 4, 4-9)

¿A quién culpar del distanciamiento cada vez mayor del pueblo de Dios? Los levitas fueron los más castigados por los oráculos proféticos. El distanciamiento de Israel fue debido a un fallo del sacerdocio. Fue debido a un fallo de la paternidad. A través de Isaías, Dios realizó la conexión: «Tu primer padre pecó, y tus mediadores prevaricaron contra Mí. Profané a los príncipes del Santuario» (Is 43, 27-28). Al igual que Adán antes que ellos, los sacerdotes fracasaron y fueron apartados del sacerdocio, privados de su oficio y exiliados de su tierra.

Aun así, el propio Dios expresó su deseo de reconciliación, de un mediador que se alzara e hiciese lo que hicieron Abraham, Moisés y David en su momento: «He buscado entre ellos uno que hubiera alzado un muro y se mantuviera en la brecha ante Mí a favor del país, para no destruirlo, pero no lo he encontrado» (Ez 22, 30).

No cabe duda de que son muchos los llamados. La totalidad de la tribu de Leví poseyó la vocación sacerdotal como derecho de nacimiento. Y aun así, la brecha abismal continuaba abierta cuando ningún mediador tenía la intención o el valor de responder a la llamada con la entrega de su vida. Dios «vio que no había nadie, y se asombró de que nadie intercediera» (Is 59, 16).

Si Dios quería un mediador fiel, tendría que enviar a su Hijo.

Mediador de masas

El término griego para mediador, *mesites*, aparece seis veces en el Nuevo Testamento. En dos ocasiones hace referencia a Moisés (Ga 3, 19-20) y en cuatro a Jesús (Hb 8, 6; 9, 15; 12, 24; 1 Tm 2, 5). Moisés fue el mediador *por excelencia* del Antiguo Testamento. Permaneció en la brecha entre Israel y Yavé. Entregó a Israel la palabra de Dios escrita en la Ley e intercedió en nombre de Israel ante Dios. Siendo el grande, anunció, sin embargo, algo mucho más grande, inimaginablemente más grande.

Cristo es un mediador más perfecto porque une en sí mismo la humanidad y la divinidad. Media y administra una alianza más grandiosa de lo que hicieran Moisés y los sacerdotes de Israel, una alianza que une al Padre y a la familia de la humanidad a través de una redención eterna del pecado (Hb 9, 11-14) y una intercesión perpetua en los cielos (Hb 7, 25).

Como mediador, Jesús reconcilió el mundo con el Padre a través de los vínculos de la Nueva Alianza. La distancia que desde el pecado de Adán separase al hombre de Dios estará así salvada gracias a la encarnación. Desde que la palabra se hizo carne, la divinidad y la humanidad han sido unidas para siempre en Dios Hijo. En este sentido, la mediación de Cristo es absolutamente única.

No obstante, la mediación de los ángeles y los santos no queda descartada, ya que la unión con Cristo permite que otros compartan el trabajo salvador de Cristo. Y con este propósito ha dotado de poderes especiales al clero de la Iglesia. Como sacerdotes y mediadores, Pablo, Apolo y Pedro son «colaboradores de Dios» (1 Co 3, 9).

De ahí que Pablo ordene a Timoteo orar por los demás durante la liturgia. «Por eso, te encarezco ante todo que se hagan súplicas, oraciones, peticiones y acciones de gracias por todos los hombres, por los emperadores y todos los que ocupan altos cargos, para que pasemos una vida tranquila y serena con toda piedad y dignidad. Todo ello es bueno y agradable ante Dios, nuestro Salvador, que quiere que todos los hombres se salven y lleguen al conocimiento de la verdad» (1 Tm 2, 1-4).

Timoteo actuaría como mediador en nombre de toda la humanidad, desde los reyes hasta los indigentes. Hasta el momento, los consejos de Pablo no llaman especialmente la atención; pero más tarde el Apóstol añade una línea explicativa que en ocasiones confunde a sus lectores: «Porque uno solo es Dios y uno solo también el mediador entre Dios y los hombres: Jesucristo hombre, que se entregó a sí mismo en redención por todos» (1 Tm 2, 5-6).

Un momento… Si hay un mediador, que es Jesucristo, ¿por qué razón intercede Timoteo en nombre del mundo?

Si leemos estas líneas en el contexto del resto de la correspondencia de Pablo, todo tiene una clara explicación. Timoteo, al igual que Pablo antes que él, actuará en la persona de Cristo (cfr. 2 Co 2, 10). Tal como no tarda en señalar, ésta es la verdadera razón de su ordenación: «Yo he sido constituido mensajero y apóstol de ese testimonio –digo la verdad, no miento–, doctor de los gentiles en la fe y en la verdad» (1 Tm 2, 7). Pablo era apóstol, y por tanto presidía la liturgia. Era un mediador, un sacerdote. Y lo mismo sería Timoteo.

Cerrando la brecha

Con Cristo llegó un «cambio en el sacerdocio» (Hb 7, 12), un cambio a mejor. Jesús «es mediador de una nueva alianza, de modo que [...] los que han sido llamados reciban la herencia eterna prometida»; nos ha redimido también «de las transgresiones cometidas bajo la primera alianza» (Hb 9, 15). Dado que es Dios, y dado que ha asumido nuestra humanidad en el cielo con su propia carne, «puede también salvar perfectamente a los que se acercan a Dios a través de él, ya que vive siempre para interceder por nosotros» (Hb 7, 25).

No obstante, si ha ascendido a los cielos, esto nos plantea un problema. Él prometió que estaría con nosotros «todos los días hasta el fin del mundo» (Mt 28, 20). En tal caso, ¿dónde encontramos ahora al mediador? ¿Cómo se ha cerrado exactamente aquella brecha abismal? La Carta a los Hebreos sitúa la mediación de Jesús en medio de la asamblea de la Iglesia. El medio es la Misa, donde recibimos «la sangre derramada, que habla mejor que la de Abel», y Jesús actúa como «mediador de la nueva alianza» (Hb 12, 24).

El Nuevo Testamento atestigua el poder de esta mediación durante la Misa. Porque «la Iglesia rogaba incesantemente por él a Dios» (oración del estilo que Pablo sugería a Timoteo), a Pedro se le «cayeron las cadenas de sus manos», «la puerta de hierro [...] se les abrió por sí sola [...] y el ángel del Señor le dejó» (Hechos 12, 5-10).

Armados y dispuestos

En la época de los profetas, Dios miró hacia abajo y «vio que no había nadie [...], nadie que intercediera» (Is 59, 16). Por supuesto, la historia no se acabó aquí. Isaías continúa, al final del versículo, para decir: «Entonces, su brazo lo salvó, y lo sostuvo su justicia».

44

El Espíritu más puro, Dios, tomó forma de carne y decidió tener brazos para poder extenderlos en el gesto de un sacerdote; y mediante esos brazos alcanzó la victoria. Él es nuestro sacerdote celestial.

Sin embargo, esto no significa que ya no necesitemos más de los sacerdotes terrenales. Jesús dijo: «No penséis que he venido a abolir la Ley o los Profetas; no he venido a abolirlos sino a darles su plenitud» (Mt 5, 17). Se ha producido un *cambio* en el sacerdocio y un *cambio* en la ley, pero éstos no han sido abolidos.

De hecho, siguiendo la pauta establecida en el Sermón en la montaña, podemos estar seguros de que Dios no pide ahora menos de lo que pidió en los días de Moisés y Ezequiel, sino más bien pide mucho más. Leamos el capítulo 5 del Evangelio de Mateo, donde Jesús dice:

«No penséis que he venido a abolir la Ley o los Profetas; no he venido a abolirlos sino a darles su plenitud. En verdad os digo que mientras no pasen el cielo y la tierra, de la Ley no pasará ni la más pequeña letra o trazo hasta que todo se cumpla [...]. Os digo, pues, que si vuestra justicia no es mayor que la de los escribas y fariseos, no entraréis en el Reino de los Cielos. Habéis oído que se dijo a los antiguos: *No matarás*, y el que mate será reo de juicio. Pero yo os digo: todo el que se llene de ira contra su hermano será reo de juicio; y el que insulte a su hermano será reo ante el Sanedrín; y el que le maldiga será reo del fuego del infierno» (Mt 5, 17-18, 20-22).

Como en los días de Ezequiel, Dios busca en la tierra a hombres que quieran mantenerse en la brecha. Como en los días de Isaías, busca a hombres que intervengan. Con Cristo ya ha aportado su victoria. Invita a sus sacerdotes, sacerdotes de la Nueva Alianza, a participar de esa victoria, a participar de su mediación excepcionalmente poderosa.

5. NACIDO PARA MANTENER A LA FAMILIA

El sacerdote como abastecedor

Hay cierta verdad en el estereotipo de padre adicto al trabajo. Para bien y para mal, la identidad de un hombre está delimitada por su trabajo. Recuérdese, Adán fue creado con un propósito: el de trabajar, ocuparse de la tierra y protegerla, llenarla y someterla. Ser padre no es simplemente ser progenitor, sino también proveedor, abastecedor de la familia.

Si el lector no me cree, revise la guía telefónica. Pase las páginas y encontrará interminables columnas de apellidos como Guerrero, Zapatero, Molinero, Herrero, Jurado o Vaquero. Luego están los apellidos equivalentes en otros idiomas, como Zimmerman (carpintero en alemán), Fisher (pescador en inglés), Ferraro (herrero en italiano), Kaminski (cantero en polaco), entre muchos otros.

¿Cómo se convirtieron estas palabras en apellidos? Los hombres se identificaban por su trabajo. Alexander el molinero se convertía en Alexander Molinero, apellido que lo distinguía de Alexander al albañil. Los padres enseñaban su oficio a sus hijos, y con el oficio venía el apellido, el identificador, la propia identidad. Y estos apellidos han permanecido mucho después de que la tecnología dejara obsoletos ciertos oficios.

Los hombres estamos integrados en el trabajo porque Dios nos creó como abastecedores de nuestras familias, y ésta es, de hecho, una de las formas en que reflejamos su imagen y semejanza. Al igual que la providencia de Dios abastece al mundo, nuestra providencia compra los comestibles. Pues «¿quién de entre vosotros, si un hijo suyo le pide un pan, le da una piedra?» (Mt 7, 9).

El maná de casa

Al igual que cada sacerdote es padre en la casa terrenal de Dios, cada sacerdote es también abastecedor y soporte de la familia. Un párroco necesita un techo sobre la parroquia, un techo razonablemente reparado. Y cuando el viejo techo tiene ya tantas goteras que no puede ser reparado, es él quien recauda el dinero para un nuevo techo. Pero ésta no es la principal preocupación del sostenimiento familiar. Fiel a la exhortación de Jesús, el sacerdote no «obra», al menos no principalmente, «por el alimento que se consume sino por el que perdura hasta la vida eterna» (Jn 6, 27).

Los sacerdotes son padres porque otorgan nueva vida, la vida divina, a través del bautismo; pero su obligación no termina cuando vierten el agua, sino que continúan alimentando la vida de su prole espiritual mediante la Eucaristía. Mantienen la disciplina de sus «hijos» a través de la penitencia. Los instruyen a través de la predicación y la enseñanza. En resumen, educan a los suyos en la plena madurez cristiana como miembros que contribuyen a formar la casa de Dios (Ef 2, 19).

El padre provee a la familia porque nos obtiene el «pan que baja del cielo para que si alguien lo come no muera» (Jn 6, 50). Como hijos de Dios, «participamos de la mesa del Señor»

(1 Co 10, 21) en la Eucaristía, establecida por Jesús en presencia de sus discípulos «cuando estaban recostados a la mesa cenando» (Mc 14, 18). Así es como se gana la vida. Así es como sostiene a la familia, una familia repleta de niños, como los míos propios, que siempre parecen tener hambre.

Cuando las tribus de Israel se encontraban en el desierto, Dios les facilitó sustento. El maná cayó del cielo y el agua brotó de una roca. Aquel día bendito hubo lo que podríamos llamar comida gratis. Incluso posteriormente, al parecer, el pueblo de Dios anheló ese tipo de cuidados. Acudieron en masa a Jesús, que multiplicó los panes y los peces para ellos, y apenas pasaba un nuevo día sin que ellos le pidiesen que repitiese estos milagros, recordándole lo siguiente: «Nuestros padres comieron en el desierto el maná, como está escrito: *Les dio a comer pan del cielo*» (Jn 6, 31). Jesús les replicó: «Vuestros padres comieron en el desierto el maná y murieron» (Jn 6, 49). No obstante, les estaba prometiendo algo más grandioso que el maná. El maná, como los panes y los peces, simplemente saciaba sus cuerpos. Mas Jesús les prometió saciar y satisfacer sus almas para la eternidad.

Les prometió unas provisiones verdaderas e ilimitadas en la mesa, desde entonces hasta el banquete divino. Les prometió (y nos promete) el regalo eterno de la Eucaristía, el pan de vida, y otorgó poder a los sacerdotes para que lo repartieran en su nombre.

La naturaleza humana es hoy en día lo que siempre ha sido. De ahí que los humanos sigamos anhelando. En estos milenios transcurridos desde el ministerio terrenal de Jesús, la Iglesia continúa rezando la oración ingenua que Él nos enseñó. En el Padre Nuestro decimos: «Danos hoy nuestro pan de cada día». Y Dios nos responde a través del ministerio de sus sacerdotes.

Padres ausentes

Es imposible exagerar la importancia de estos padres sacerdotales en la familia de Dios.

En una familia natural, el padre juega sin duda un papel fundamental. En la antigüedad, una familia sin padre estaba condenada a vivir en la pobreza y la vergüenza. Las viudas y los huérfanos se consideraban los más pobres de entre los pobres.

En el mundo moderno, un conjunto de datos cada vez mayor muestra que los hijos de hogares donde falta el padre son más propensos a abusar de las drogas, a divorciarse, a mantener relaciones poco apropiadas y (como siempre) a ser pobres. La mayor parte de los suicidios juveniles se producen en hogares sin padre, al igual que el mayor fracaso escolar, las detenciones juveniles y los ingresos en centros penitenciarios. Cuanto más se cambian las cosas, más cosas permanecen igual.

No es mi intención presentar una imagen implacablemente inhóspita y sin esperanza. Sí, ya sé que son muchas las familias que han triunfado por encima de tales circunstancias. Conozco a madres que, a través de esfuerzos heroicos, han criado niños sanos y bondadosos. Conozco a niños que han encontrado la figura del padre en profesores, clérigos, entrenadores y vecinos, y que han crecido hasta convertirse en padres estupendos. Son una inspiración para mí. Estadísticamente, sin embargo, tales casos resultan excepcionales.

Las familias naturales necesitan padres. Un niño necesita un papá, no cabe la menor duda, pero el reconocimiento de este hecho tan simple se ha convertido en algo políticamente incorrecto. Aun así, los hechos hablan por sí solos. Y por muy esencial que resulte un padre en las familias naturales, éste es *todavía más* necesario en la familia sobrenatural, la Iglesia. Pues la Iglesia alcanza su unidad, se convierte en un hogar y en una familia, mediante el poder de la Eucaristía. «Puesto que el pan es uno, muchos somos un solo cuerpo, porque todos participamos de un solo pan» (1 Co 10, 17). De ahí que la Iglesia necesite la Misa, y que solo un sacerdote pueda oficiarla. Porque solo un sacerdote ha sido ordenado para esta tarea.

Además, *todo individuo cristiano* necesita la Misa. Recordemos que Jesús dijo: «En verdad, en verdad os digo que si no coméis la carne del Hijo del Hombre y no bebéis su sangre, no tendréis vida en vosotros» (Jn 6, 53). Estas palabras son decisivas: sin la Misa, no hay vida en nosotros.

Y sin el sacerdote, no hay Misa.

Por deseo y gracia de Dios, no existe un abastecedor mayor ni un sostenedor familiar más grande que el sacerdote de la parroquia más corriente.

Modales en la mesa

La mayoría de los padres que traen a casa la comida la aportan para una sola mesa. Un sacerdote debe aportar provisiones para dos mesas. El Concilio Vaticano II nos enseña que, a través de la Misa, la Iglesia «recibe y ofrece incesantemente al fiel el pan de vida tanto de la mesa de la palabra de Dios como de la mesa del Cuerpo de Cristo»[1].

Por medio de estas dos mesas, un sacerdote alimenta el hambre espiritual de su pueblo.

Este entendimiento dual del «Pan de vida» tiene sus raíces en los principios de la Iglesia. Lejos de socavar la doctrina católica de la Eucaristía, enriquece nuestro entendimiento. La Misa se convierte en el lugar privilegiado para la proclamación de las Escrituras, el momento de gracia para la predicación inspirada. No quiero decir que cada homilía que escuchemos

---

[1] Constitución dogmática *Dei Verbum*, n. 21. Concilio Vaticano II.

sea una obra de arte retórica. Pero si oramos al Espíritu Santo, podemos estar seguros de que el sacerdote nos entregará el mensaje que necesitamos oír.

En ocasiones lo hará a pesar de sí mismo. Dios compensa lo que al sacerdote le falta. Al fin y al cabo, el Todopoderoso puede darse a sí mismo simplemente como pan. Para él no supone problema alguno enviar su Palabra mediante las palabras más sencillas, incluso cuando éstas se balbucean o se atrancan.

Por ello, la Iglesia ordena que «todos los clérigos deben aferrarse a las Sagradas Escrituras a través de su lectura diligente y sagrada y su cuidadoso estudio»[2]. Un hombre no puede traer a casa un sueldo hasta que lo haya ganado por sí mismo. De igual forma, un sacerdote no puede otorgar lo que otorga si primero no lo posee. Antes de poder traer a casa una cosecha abundante en su homilía, un sacerdote debe trabajar muchas horas en los campos de la oración, el estudio y la exégesis.

En nuestros tiempos, el hambre de Eucaristía es tan incontenible como siempre lo ha sido. Lo que ocurre es que muchas personas han estado hambrientas durante tanto tiempo, que ya no sienten los espasmos. Están hambrientas de Evangelio, hambrientas por conocer las Escrituras.

Más de setecientos años antes de Cristo, el profeta Amós emitió un oráculo del Señor: «Mirad que vienen días –oráculo del Señor Dios–, en que enviaré hambre al país, no hambre de pan, ni sed de agua, sino de oír las palabras del Señor. Irán errantes de mar a mar, y vagarán de norte a oriente en busca de la palabra del Señor, pero no la encontrarán» (Am 8, 11-12).

¿Le resulta familiar al lector? ¿Quién alimentará estas almas? Tal como mencionamos en el capítulo anterior, Dios busca a un hombre que quiera mantenerse en la brecha. Busca un mediador, un padre heroico, un verdadero abastecedor.

---

[2] Ibid, n. 25.

Mantener la unión de cuerpo y alma

A un sacerdote le preocupa, principalmente, el bienestar espiritual de sus parroquianos. Pero no es su única inquietud. Un ser humano está compuesto de cuerpo y alma, que resucitarán juntos en el último día. Lo que le ocurre al cuerpo afecta profundamente al estado del alma. Y no cabe duda de que el estado del alma ejerce cierta influencia sobre el cuerpo.

Por ello, un sacerdote no debe jamás mostrar indiferencia ante el bienestar material de sus parroquianos. Debe satisfacer sus necesidades espirituales, así como las materiales, en la medida de lo posible, o al menos ha de ayudarles a que se ayuden a sí mismos. «Si un hermano o una hermana están desnudos y carecen del sustento cotidiano, y alguno de vosotros les dice: *Id en paz, calentaos y saciaos*, pero no le dais lo necesario para el cuerpo, ¿de qué sirve?» (St 2, 15-16). «Y cualquiera que dé de beber tan sólo un vaso de agua fresca a uno de estos pequeños por el hecho de ser discípulo, en verdad os digo que no quedará sin recompensa» (Mt 10, 14). Un sacerdote aprende estos principios mientras abastece la mesa de la palabra.

A través de la historia, los sacerdotes se han visto apoyados por las aportaciones de muchos de sus parroquianos para fundar grandes obras de caridad y misericordia. La institución que conocemos como hospital surgió de la cultura cristiana, fundada por el clero. En el siglo IV, San Basilio el Grande instituyó un complejo tan extenso para el cuidado de los enfermos y moribundos, refugiados y viajeros, que aquellos terrenos terminaron por conocerse como la «Nueva ciudad». Ya más próximos a nuestra era, San Damián, que trabajaba solo, estableció ciertas condiciones humanitarias de vida para los leprosos de Molokai. Innumerables sacerdotes han adquirido formación médica, nutricional, etc., para poder satisfacer las necesidades de sus rebaños. Y al hacerlo, siguen una pauta de entrega sacerdotal de sí mismos con la que me he encontrado con frecuencia en mi vida adulta. Todo aquel que lea libros de historia encontrará esa misma pauta una y otra vez. Durante dos milenios, el papel del pastor ha sido un papel paternal.

De los sacerdotes se espera que compartan la suerte de sus parroquianos. Me encanta la historia de un sacerdote del siglo III, San Pionio, que sufre torturas que le llevan al martirio. Algunos espectadores contemplaban su situación con horror. Pionio no quería que pensaran en su sufrimiento como algo extraordinario, y por ello dijo: «Vosotros sabéis lo que es sufrir hambre, fallecimientos y otras calamidades». Uno de los transeúntes reconoció que Pionio conocía en verdad los sufrimientos de las gentes del lugar, porque «tú pasaste hambre con nosotros».

Eso es lo que hacen los sacerdotes. Comparten la suerte de sus hijos espirituales. Cuando un sacerdote es ordenado, promete vivir una existencia sencilla. De hecho, algunos sacerdotes incluso realizan votos de pobreza y deciden no poseer ninguna pertenencia propia. Existen numerosas buenas razones para ello; y una de ellas es el vínculo natural que se crea entre el sacerdote y las familias más pobres de su parroquia. Un padre no podrá disfrutar de las cosas buenas de la tierra mientras sepa que sus hijos sufren por la carencia de éstas.

Algunos historiadores creen que la Alta Edad Media se vino abajo cuando muchos de los clérigos más inteligentes y bondadosos fallecieron por la peste negra. ¿Por qué murieron tantos? Porque de buena voluntad se habían expuesto a sí mismos a la enfermedad para cuidar de su pueblo y llevar hasta ellos los sacramentos.

El amor es como el oxígeno

Un sacerdote es un proveedor, y lo que provee es a sí mismo, se entrega en cuerpo y alma. En la Iglesia occidental observamos esta auto-entrega expresada de manera poderosa a través del celibato sacerdotal, una imitación más radical de Cristo.

El celibato no es un fin en sí mismo, sino que otorga al sacerdote el poder de convertirse en un proveedor mucho mayor. Por ello, es ordenado para una caridad superior, para un amor más grande, para una mayor entrega de sí mismo. Un sacerdote, al igual que Dios, no pone límites a su providencia. Y como es célibe, se da sin quedarse con nada. El Papa Pablo VI afirmó que la disponibilidad constante, incondicional e indivisible de un sacerdote es signo de su caridad, que recibe de Dios y que le otorga un «horizonte ilimitado», ya que «profundiza y ensancha su sentido de responsabilidad»[3]. Se trata de una paternidad en un grado inalcanzable de cualquier otra manera. Es una gracia.

¿Ha volado el lector alguna vez en un avión? En tal caso conoce el procedimiento estándar de información que suele explicar el personal de vuelo a los pasajeros, una vez estos han embarcado. Se nos explica cómo utilizar las mascarillas de oxígeno en caso de emergencia, y se especifica que los padres se ajusten sus mascarillas antes de colocar las de sus hijos. De lo contrario, los padres podrían perder la conciencia antes de poder ayudar a los niños. La mayoría de los viajeros habituales no prestan atención, porque conocen las instrucciones de memoria; pero a mí ese detalle suele conmoverme. La única forma de conseguir que los padres se pongan primero la mascarilla es recordándoles que es en interés de sus hijos.

Los sacerdotes deben cuidar de sí mismos. Deben mantener una dieta equilibrada, intentar descansar adecuadamente, estudiar y orar. Así lograrán una posesión más plena de sí mismos. Y esta posesión de uno mismo constituye la única manera de poder entregarse a los demás. Además, es la única forma de lograr proveer a una familia amplia y necesitada.

---

[3] Pablo VI, Carta Encíclica *Sacerdotalis Caelibatus,* n. 56, 24 de junio de 1967.

6. VE, INSTRUYE A TODAS LAS NACIONES

El sacerdote como maestro

Soy profesor, tanto por la formación que he recibido como por la profesión que desempeño. Llevo reveladoras manchas de tiza en mis chaquetas y soy uno de esos pocos adultos que planean su trabajo siguiendo el año académico, en clave de parciales y finales.

Me he dedicado a la enseñanza prácticamente toda mi vida adulta. Incluso cuando servía como ministro protestante, me consideraba profesor, y así me consideraba también mi congregación. Cuando predicaba, enseñaba. Impartía doctrina. Interpretaba las Escrituras. No contaba con un doctorado por entonces, pero cuando un ministro cuenta con un doctorado, es habitual dirigirse a él como «Dr. Billy Graham» (por ejemplo), o «Dr. John MacArthur». La palabra *doctor* (*rabbi* en hebreo) no deja de ser sinónimo de profesor.

Los protestantes no se dirigen a su clero como «Padre». Si hacia el año 1981 el lector me hubiera preguntado por qué, le habría remitido a la afirmación de Jesús: «No llaméis padre vuestro a nadie en la tierra, porque sólo uno es vuestro Padre, el celestial» (Mt 23, 9). Nunca me paré a pensar que, en la línea anterior, Jesús había proscrito de igual modo el uso de «doctor» al afirmar «no os hagáis llamar "rabbí"».

Ya hemos visto que los apóstoles jamás dejaron de usar el término *padre* ni de hablar de paternidad, espiritual y biológica. Presumiblemente, todavía llamaban a sus padres con el mismo nombre cariñoso que utilizaban antes de conocer a Jesús: *Padre*. En este capítulo, veremos que se mantuvieron igual de apegados al término *maestro*. Pues sabían que Jesús no declaraba prohibida esta terminología, sino que establecía un nuevo orden mundial. «Toda la autoridad sobre los cielos y la tierra» le había sido otorgada, y por tanto, las demás autoridades existentes quedarían ahora subordinadas a la suya, comenzando por las más importantes: la de padre y la de maestro.

Ambos roles van juntos, y siempre será así. Los padres enseñan. Es parte de su trabajo. Los profesores enseñamos por medio de la palabra, el ejemplo y la disciplina, que no es más que otra manera de decir que enseñamos «formando discípulos». Los profesores de los colegios, por su parte, ejercen como figuras paternales en la vida intelectual de sus estudiantes. En la antigüedad, era común que los estudiantes, en especial aquéllos más avanzados, se dirigiesen a sus maestros como «Padre».

Los padres son maestros, y los maestros son padres.

De igual modo, los sacerdotes son también padres y maestros.

Cierto y comprobado

San Pablo se llamó a sí mismo apóstol. Como ya hemos visto, hablaba de su trabajo como «sacerdotal». También sabía que su oficio le convertía en maestro: «Por medio del Evangelio, yo he sido constituido predicador, apóstol y maestro» (2 Tm 1, 10-11; cfr. también 1 Tm 2, 7). De hecho, en repetidas ocasiones afirmó que un clérigo cristiano debería ser «hábil para enseñar» (2 Tm 2, 24; cfr. también 1 Tm 3, 2). Más tarde, como sabemos, la Iglesia necesitó de «hombres fieles que, a su vez, sean capaces de enseñar a otros» (2 Tm 2, 2), para que los creyentes ya «no seamos niños que van de un lado a otro y están zarandeados por cualquier corriente doctrinal» (Ef 4, 14). Los maestros de la Iglesia, dejó claro Pablo, eran llamados, nombrados, honrados y dotados de dones por el mismo Dios (cfr. 1 Co 12, 28 y Ef 4, 11).

Los católicos decimos, basándonos en una larga tradición, que nuestro clero tiene el «poder de enseñar». Así es, pues los sacerdotes son representantes públicos de la Iglesia, y por tanto tienen la grata obligación de enseñar como la Iglesia enseña.

Es una responsabilidad que han recibido desde los apóstoles a través de una cadena ininterrumpida. Uno de los mayores héroes de la segunda generación en la historia de la Iglesia fue San Policarpo de Esmirna, discípulo del apóstol San Juan. Durante una larga vida de ministerio, Policarpo confirió poder a otros para que fuesen también maestros, y entre ellos estaba San Ireneo de Lyon, uno de los teólogos más importantes de la historia. Cuando Policarpo fue llevado al juicio que precedió a su martirio, la multitud de infieles le identificó con dos títulos reveladores: «Este es el maestro de Asia, el padre de los cristianos»[1]. Policarpo fue maestro y padre, y fue ambas cosas porque era sacerdote.

No obstante, el de San Policarpo no fue un caso excepcional. Entre los tesoros de la Iglesia se encuentran las «Actas» de los primeros mártires. Los documentos más antiguos con frecuencia no son más que transcripciones judiciales compradas por los estenógrafos de los tribunales romanos. Su prosa es tan elocuente como la de las novelas de Ernest Hemingway. Uno de mis pasajes favoritos tiene lugar durante la interrogación del sacerdote San Pionio, a quien mencioné en el capítulo an-

---

[1] *Martirio de Policarpo*, 12. 2.

terior. Una vez más, encontramos un testigo prematuro de la clásica vinculación cristiana de los papeles de sacerdote y maestro.

> «Soy sacerdote», afirmó Pionio, «de la Iglesia católica».
> «¿Eres uno de sus maestros?», le preguntó el procónsul.
> «Sí», respondió Pionio, «fui maestro».
> «¿Eras maestro de la insensatez?», continúa el procónsul.
> «De la piedad», dijo como respuesta.
> «¿Qué tipo de piedad?», le preguntó de nuevo.
> Y ésta fue su respuesta: «Piedad hacia Dios Padre, creador de todas las cosas».

La unión de maestros

Llamamos a nuestros sacerdotes «padre» y «maestro», e incluso «mediador», aunque sepamos por las Escrituras que tenemos *un* Padre, *un* Maestro y *un* Mediador. Podemos dirigirnos a nuestros sacerdotes con estos títulos porque ellos son nuestros padres en Cristo, nuestros maestros en Cristo y nuestros mediadores en Cristo. Jesús confirió poderes a su clero para actuar en su nombre (y en su persona) cuando sopló sobre ellos y les entregó una participación, una comunión en su vida (Jn 20, 22).

En la Última Cena, les instó a «hacer esto» (ofrecer la Eucaristía), tal como Él había hecho. Y esa misma noche también les instó a imitar su ejemplo de servicio: «Vosotros me llamáis el Maestro y el Señor, y tenéis razón, porque lo soy. Pues si yo, que soy el Señor y el Maestro, os he lavado los pies, vosotros también debéis lavaros los pies unos a otros» (Jn 13, 13-14). De ahí que no sólo les ordenase como sacerdotes y ministros humildes, sino que también les aleccionó sobre cómo enseñar mediante el ejemplo. «Os he dado ejemplo para que, como yo he hecho con vosotros, también lo hagáis vosotros» (Jn 13, 15). Posteriormente, cuando ascendió a los cielos, Jesús les encargó la tarea de «enseñar» a todas las naciones (Mt 28, 19-20).

Nuestro Señor encarnó todos los mejores métodos de enseñanza. Enseñó mediante el ejemplo y enseñó con palabras de exhortación, corrección e instrucción. Sabía cuándo formular preguntas y cuándo contar con la simple confianza. Era maestro de doctrina y maestro de virtud.

Desde Pentecostés en adelante, y siguiendo el ejemplo de Jesús, los apóstoles enseñaron como la gracia los capacitaba para enseñar. En los Hechos de los Apóstoles, los encontramos formando a los otros en la oración sencilla y en la adoración. Los encontramos impartiendo lecciones de historia. Los encontramos guiando a los discípulos avanzados, como Apolo, para que profundizasen aún más en su conocimiento de la teología cristiana y de los sacramentos (cfr. Hechos 18, 24-25). Y para dejar clara la situación, los apóstoles están dispuestos a ser dramáticos: se rasgan las vestiduras y adoptan las actitudes más frecuentes entre los oradores. Han estudiado ampliamente la cultura secular y son capaces de hacer referencias a la poesía popular y a la filosofía. Se refieren a hechos actuales. Usan analogías y comparaciones (con el deporte, la vida familiar, el comercio o la vida militar) con el fin de hacerse entender con claridad. Lo más destacado de todo es que son capaces de recorrer con familiaridad todas las Escrituras, acudiendo a la autoridad de la ley de Israel, a los profetas, a los salmos y a las crónicas. Son maestros consumados.

Los mejores maestros que hemos conocido son aquellos tan apasionados por las materias que imparten que harán cualquier cosa por compartirlas con nosotros. Creen en su parcela del saber. Consideran que es importante para nuestras vidas. Los padres, de igual modo, sienten pasión por lo que enseñan a sus hijos porque son las lecciones que consideran más importantes de la vida.

Los maestros y padres más vehementes pueden, en ocasiones, parecer bruscos en sus enseñanzas. Pero es parte del modo de enseñanza propio de los padres. Yo he visto a mis hijos, uno a uno, aprender a montar en bicicleta, y sé que en cierto momento se sienten tan frustrados que prefieren rendirse. Y siempre, en esas ocasiones, me encuentro a mí mismo hablándoles duramente, desafiándoles a concentrarse, a llegar más lejos, a ponerse a prueba, a superarse a sí mismos.

Esto es lo que hizo Jesús, y también los apóstoles. Es lo que debe hacer un sacerdote, en ciertas ocasiones, por sus hijos espirituales.

Contacto visual

Con el paso de los siglos, el arte cristiano es testigo de las numerosas formas que tienen los creyentes de elegir su relación con el Salvador. En los frescos, Jesús extiende una mano para sanar, o para ayudar a Pedro cuando se está hundiendo en el lago, o para pronunciar una bendición. Algunos mosaicos le muestran radiante de gloria en su ascensión.

No obstante, desde la antigüedad, una de las obras más sólidas y populares del arte religioso es la imagen de Cristo Maestro. Ésta aparece en algunas sepulturas de los primeros cristianos, y es común en las catacumbas romanas. Ya en estos ejemplos tan tempranos, nuestro Señor aparece con un rollo de pergamino extendido y con los discípulos a su alrededor. En los iconos clásicos de la Iglesia oriental aparece solo, sujetando un libro abierto (la tecnología editorial ya había cambiado para entonces) y mirando directamente (realizando «contacto visual») a quien esté rezando ante el icono. En ocasiones imita con la otra mano el gesto de un orador.

¿Qué nos dicen estas amadas imágenes? Que Cristo es un maestro y que los cristianos le aman por ello. Se reúnen a su alrededor en grandes números, pero reciben sus enseñanzas como si fuesen dirigidas personalmente a cada uno de ellos. Él realiza un esfuerzo por llegar a cada uno siguiendo formas acostumbradas pero que resultan efectivas; aparece como orador y les atrae hacia el libro sagrado.

Para un sacerdote es recomendable estudiar los iconos sagrados. De hecho, en las tradiciones orientales, es común describir *al propio sacerdote* como icono de Cristo. Es un icono de la bendición de Cristo. Es un icono de la salvación de Cristo. Y sin duda alguna, es mucho más amado como icono de las enseñanzas de Cristo.

Un sacerdote no es un mero funcionario sacramental: el sacerdocio no es tan solo un rol administrativo, sino que los sacerdotes son maestros porque siguen las directrices de Cristo, y Cristo es maestro porque es la imagen perfecta del Padre. ¿Y qué sabemos de los padres? De una cosa no cabe duda, y es que enseñan, y enseñan con autoridad.

«Y se quedaron todos estupefactos, de modo que se preguntaban entre ellos: ¿Qué es esto? Una enseñanza nueva con potestad» (Mc 1, 27).

Esta autoridad debería pertenecer a los padres por naturaleza, pero la nuestra es una naturaleza caída, y tenemos que estudiar mucho y practicar las habilidades que queremos transmitir a nuestros hijos. Así sucede tanto con los padres espirituales como con los naturales. Cuando mi hijo se apuntó a los Scouts infantiles, me afligí al saber que tendría que aprender todo tipo de nuevas habilidades antes de poder transmitírselas a él, y entre ellas, estaba la de hornear un pastel.

Los sacerdotes han de aprender del Maestro antes de poder enseñar como el Maestro. Deben dedicar tiempo a estudiar las Escrituras. Deben dedicar tiempo a la oración diaria y profunda. Como ya dije antes, nadie puede dar lo que antes no posee. Así que la oración y el estudio no son opcionales para los padres espirituales (y la verdad es que no sé cómo los padres naturales se las arreglan sin estos dos puntos tan fundamentales).

La mayor prueba de la autoridad de un sacerdote es su vida ejemplar. Mediante su vida de entrega de sí, un sacerdote demuestra que la caridad es posible, incluso aunque exija un sacrificio descomunal, y además es sendero de felicidad.

Mediante su vida, un sacerdote demuestra que la gente puede ser feliz y sentirse satisfecha sin posesiones ni símbolos de posición social.

Mediante su vida, un sacerdote demuestra que la castidad es posible, y que la continencia no tiene por qué ser una carga sino que, por el contrario, le aporta una segura libertad.

Lo que Henry Adams afirmó de sus profesores en Harvard se multiplica por mil en el caso del sacerdote de una parroquia: «Un maestro influye para la eternidad; jamás podrá saber dónde termina su influencia». Un sacerdote enseña de la misma forma que el padre enseña a sus hijos. Les alecciona para que enseñen. Lo que un sacerdote afirma desde el púlpito es lo que todos sus oyentes transmitirán al mundo; y así éste se convertirá en un lugar mejor en el que vivir.

7. EL AMOR ES UN CAMPO DE BATALLA

El sacerdote como guerrero

Mi amigo, Father Jim Farnan, es un luchador. No me malinterprete el lector, no es un camorrista ni un alborotador, pero es un guerrero, como todo sacerdote debería ser.

Antes de ser ordenado en el año 2000, trabajó profesionalmente como comerciante de bonos y también sirvió en las Fuerzas Aéreas estadounidenses. Ambos trabajos le prepararon bien para el sacerdocio. Así aprendió a negociar y aprendió a obedecer órdenes. Pero nada le preparó tan bien como las historias de su familia sobre su antepasado colateral, Father Lawrence Lynch.

Father Lynch era el primo del abuelo de Jim Farman, y falleció justo dos décadas antes de que naciese Jim. Murió joven, a los 39 años, pero vivió lo suficiente como para ganarse el apodo de «Padre Ciclón» e inspirar un libro sobre su vida y su heroico fallecimiento.

Father Lynch fue capellán del ejército durante la Segunda Guerra Mundial. En abril de 1945, se vio acorralado en una trinchera en Iwo Jima mientras las bombas explotaban incesantemente a su alrededor. De repente escuchó el grito cercano de un soldado. Father Lynch vio que el hombre estaba herido de muerte, y comenzó a arrastrarse fuera de la trinchera. El oficial al mando le ordenó que no se moviese, pero él se apresuró a dar a aquel hombre los últimos sacramentos. Cuando elevó la Sagrada Forma explotó otra bomba, y esta vez destrozó el casco del sacerdote. El comandante escuchó la detonación y corrió en su ayuda, pero ya era demasiado tarde. Con sumo cuidado, abrió los dedos del fallecido capellán y los obligó a depositar el sacramento en sus propios labios, evitando así su profanación.

El comandante vivió para contar la historia, como la familia del capellán se la contó a Jim Farnan durante su infancia, y como Father Jim la cuenta ahora desde su púlpito.

Es la historia de un sacerdote y un guerrero, y existen muchas otras similares. Pensemos en Father Vincent Capodanno, sacerdote de Maryknoll, más conocido como el «Padre gruñón», porque trabajaba entre los soldados de infantería de la Marina, soldados de a pie que se llamaban a sí mismos «gruñones». Durante su servicio en Vietnam en 1967, su batallón se vio rodeado de repente por un enemigo que le quintuplicaba en número. Fueron muchas las víctimas en la batalla, y el propio Father Vince recibió dos balazos, pero se negó a ser evacuado, alegando lo siguiente: «Tengo mucho trabajo que hacer». Las balas cortaban el aire mientras él se arrastraba entre los caídos, utilizando su brazo sano para sujetar el brazo herido mientras les daba la absolución o la Sagrada Comunión a los moribundos.

No logró salir con vida. De repente vio a un hombre que caía herido y se apresuró a su lado, colocándose entre el herido y el soldado norvietnamita, que abrió fuego y cosió a balazos a Father Vince. Sus hombres no le olvidaron, y contaron la historia del soldado y el sacerdote. En 2002, la Iglesia abrió su causa de canonización y en 2006 fue declarado «Siervo de Dios», un paso en la vía hacia el reconocimiento público de su santidad.

Batallas

Estos sacerdotes fallecieron luchando grandes batallas y, sin embargo, en su combate no dispararon arma alguna. Aunque las balas silbaban a su alrededor y corrían el peligro constante de sufrir daños corporales, la batalla que lucharon fue un combate espiritual. No tenían enemigos, porque su rebaño era católico, es decir, universal. Abarcaba, por tanto, los dos bandos de cualquier batalla.

Mucho antes de entrar en el ejército, Lynch y Capodanno ya eran guerreros. Y lo eran porque eran sacerdotes.

El aspecto militar del sacerdocio se remonta a los mismísimos inicios. Dios ordenó a Adán que «protegiera» el jardín-santuario. Debía protegerlo de su profanación, una tarea que no logró cumplir, ya que permitió que la serpiente violara el paraíso.

En el periodo de los patriarcas bíblicos, los mismos padres que realizaban las funciones sacerdotales actuaban también como defensores de sus familias. De hecho, Abrán declaró la guerra (cfr. Gn 14, 14-16).

Cuando Dios entregó la Ley a Moisés, instruyó a Israel en la conquista militar y la autodefensa. Los sacerdotes de la tribu de Leví, afirmó, debían jugar un papel primordial en cualquier batalla presentada por el pueblo elegido. Deberían transportar el Arca de la Alianza al campo de batalla y servir en la presencia del Señor con gritos y trompetas. «Cuando el arca se ponía en marcha decía Moisés: Levántate, oh Señor, dispersa a tus enemigos, aleja de tu presencia a los que te odian» (Nm 10, 35).

El ejemplo más famoso de guerra con intervención sacerdotal es, por supuesto, la Batalla de Jericó. Mientras Josué trataba de conquistar la Tierra prometida, las tribus se enfrentaron con posibilidades escasas a enemigos feroces. Israel tenía un número de luchadores mucho menor e insuficientemente armado, según los estándares de la guerra convencional. Aun así intentaron hacerse con la poderosa ciudad amurallada, cuyos ocupantes se reían ante aquel desafío aparentemente patético.

Esto es lo que Dios le dijo a Josué, jefe del ejército: «Que todos los combatientes rodeen la ciudad dándole una vuelta. Así haréis durante seis días. Siete sacerdotes llevarán siete trompetas de cuerno de carnero delante del arca. El día séptimo dad la vuelta a la ciudad siete veces, y que los sacerdotes hagan sonar las trompetas. Cuando suene el cuerno de carnero, cuando escuchéis el sonido de la trompeta, que todo el pueblo dé un gran alarido: la muralla de la ciudad se desplomará sobre sí misma. Entonces el pueblo se lanzará al asalto, cada uno hacia lo que tenga delante» (Js 6, 3-5).

¿Y sabe el lector una cosa? Funcionó. De ahí en adelante, así es como Israel peleó en sus campañas militares, con sacerdotes aparentemente indefensos destacando de manera evidente a lo largo del relato.

Ropajes sacerdotales

Mientras que nosotros hemos crecido acostumbrados a una estricta separación entre adoración y guerra, el Antiguo Testamento no realiza tal distinción. De hecho, gran parte del vocabulario religioso, incluso del Nuevo Testamento, procede de la vida militar. Por ejemplo, llamamos a Jesús el «Redentor», y consideramos este término como teológico. No obstante, se utilizaba originalmente para describir al redentor de una familia (en hebreo *go 'el*), enviado por el clan o tribu a rescatar a un miembro de una familia capturado o encarcelado por el enemigo.

También nos referimos a Jesús como «Cristo», es decir, el «Ungido», procedente del término hebreo *Moshiach.* Son muchos los católicos de hoy en día que usan esta palabra como si fuese el apellido de Jesús. Pero para los creyentes de Israel en el siglo I, este título hacía referencia al *libertador* prometido, del que mucha gente creía que sería un sacerdote, y muchos otros que sería un rey guerrero. Terminó por ser un hombre que satisfizo ambos roles.

El profeta Isaías había predicho a un Cristo así, sacerdotal e implacable:

> *«El Espíritu del Señor Dios está sobre mí,*
> *porque el Señor me ha ungido.*
> *Me ha enviado para llevar la buena nueva a los pobres,*
> *[...] anunciar la redención a los cautivos,*
> *y a los prisioneros la libertad;*
> *para anunciar el año de gracia del Señor,*
> *el día de la venganza de nuestro Dios;*
> *[...] Pero vosotros seréis llamados: «Sacerdotes del Señor»;*
> *os llamarán: «Ministros de nuestro Dios».*
> *[...] Reboso de gozo en el Señor,*
> *[...] porque me ha vestido con ropaje de salvación,*
> *me ha envuelto con manto de justicia».*
> *(Is 61, 1-10)*

Este «ropaje de salvación» era el uniforme militar, vestido por el redentor de la familia, y el «manto de justicia» era la vestidura sacramental que llevaban los levitas. Se complementaban entre sí a la perfección.

Jesucristo es sacerdote, pero también es guerrero. Y lo es justamente por ser sacerdote. Al igual que Father Lynch y Father Capodanno, no usó armas convencionales durante su ministerio terrenal, pero sí que blandió con ferocidad las armas del espíritu. Su oración en el huerto de Getsemaní se describe tradicionalmente como una «agonía», es decir, una batalla, una lucha.

Alistamiento por obligación

Las guerras de los israelitas fueron verdaderos eventos históricos, pero también sirvieron como *signos* que anunciaban algo mucho más transcendental. Aquellas sangrientas batallas constituían visibles representaciones de la guerra espiritual que se desarrolla en todo momento a nuestro alrededor. Nuestra batalla diaria no es menos real por el hecho de ser espiritual. De hecho, nuestro combate espiritual es más real, con consecuencias mucho más graves para más personas. Y de hecho, es la batalla *principal* luchada por estos heroicos capellanes en el campo de batalla y por sus hermanos sacerdotes que sirven en nuestras parroquias.

San Pablo lo explicó claramente y con términos más bélicos:

> «Revestíos con la armadura de Dios para que podáis resistir las insidias del diablo, porque no es nuestra lucha contra la sangre o la carne, sino contra los principados, las potestades, las dominaciones de este mundo de tinieblas, y contra los espíritus malignos que están en los aires. Por eso, poneos la armadura de Dios para que podáis resistir en el día malo y, tras vencer en todo, permanezcáis firmes. Así pues, estad firmes, ceñidos en la cintura con la verdad, revestidos con la coraza de la justicia y calzados los pies, prontos para proclamar el Evangelio de la paz; tomando en todo momento el escudo de la fe, con el que podáis apagar los dardos encendidos del Maligno. Recibid también el yelmo de la salvación y la espada del Espíritu, que es la palabra de Dios» (Ef 6, 11-17).

Con nuestros sacerdotes al frente, nos enfrentamos ni más ni menos que a la enormidad del mal, que gobierna «el mundo» a nuestro alrededor y que lo mantiene en la oscuridad. Vemos la batalla representada de modo simbólico pero con gran viveza en el Libro del Apocalipsis, donde San Juan nos muestra a bestias monstruosas que abren sus fauces ante las presas más inocentes: una mujer embarazada, un bebé varón. Las bestias manipulan los mercados del mundo, extienden la inmoralidad sexual y se fortalecen con la inmoralidad de las personas a las que seducen; se emborrachan con el «vino» de la avaricia, la fornicación y el poder abusivo de sus víctimas.

¿Quién podría enfrentarse a un enemigo de tal calaña, a una conspiración de tales dimensiones? «Se alzan los reyes de la tierra, y los príncipes se confabulan contra el Señor y contra su Ungido» (Sal 2, 2).

Nosotros podemos, porque «nuestro auxilio es el Nombre del Señor, el que hizo cielo y tierra» (Sal 124, 8). El propio Señor es el redentor de nuestra familia. Y viene con poderes sacramentales invencibles, repartidos entre todas las manos de nuestros sacerdotes.

La dedicación de la *Todah*

En momentos de necesidad extrema o peligro grave, los sacerdotes del antiguo Israel realizaban algo muy extraño. Antes de ofrecer una oración de petición, daban las gracias a Dios *por adelantado* por enviarles a las personas elegidas. La acción de los sacerdotes daba por descontado que Dios saldría victorioso. Este sacrificio se conocía como *Todah*, literalmente, la ofrenda del agradecimiento. Se trataba de una ofrenda de pan y vino. Los rabinos predijeron que, en la era mesiánica todos los sacrificios cesarían excepto el de la *Todah*. Cuando los judíos emigraron a otras tierras y tradujeron sus Escrituras, encontraron un término griego muy apropiado, equivalente a la palabra *Todah*. Lo tradujeron como *Eucharistia*, término que la Iglesia aplicaría a su mayor rito de acción de gracias, su grandioso acto de triunfo y conquista espiritual: la Eucaristía, la Santa Misa. En Misa, nuestros sacerdotes nos guían en la acción de gracias, porque ya saben cómo terminará la guerra.

En los Hechos de los Apóstoles encontramos que «numerosos» sacerdotes de Jerusalén (los hombres que habían ofrecido el sacrificio de la *Todah*) se cuentan entre los primeros convertidos al Cristianismo (Hechos 6, 7). Al ser guerreros durante una larga vida, tardaban poco en responder a la llamada a las armas, la llamada al servicio.

En tiempos de peligro, esto es lo que hacen los hombres buenos. Y lo hacen para salvaguardar su casa y su familia. Pensemos en la tremenda oleada de alistamientos militares tras aquel 7 de diciembre de 1941 en Pearl Harbor, y de nuevo tras el 11 de septiembre de 2001, cuando los terroristas musulmanes atacaron la ciudad de Nueva York y Washington, D.C. Los hombres que se alistaron eran hombres que tenían algo por lo que luchar, algo por lo que morir, y por tanto, algo por lo que vivir. Fueron muchos los llamados, y muchos los que respondieron.

¿Qué habría ocurrido si los antiguos patriarcas no hubiesen querido aceptar su obligación paternal de defender a la familia? Las mujeres habrían sido violadas y los hijos raptados. Sus hogares habrían sido destruidos por completo.

¿Acaso duda alguien de que las parroquias actuales deben enfrentarse a peligros semejantes?

Los sacerdotes de hoy en día han de arrastrarse por el campo de batalla al igual que hicieron Father Lynch y Father Capodanno, por un campo sembrado de cristianos espiritualmente muertos (a causa de pecados mortales) o espiritualmente moribundos (a causa de graves tentaciones).

No obstante, aunque nuestros sacerdotes puedan parecer vulnerables, son fuertes, pues cuentan con la fortaleza de Dios. Gozan del poder de los sacramentos para elevar a los muertos hacia una nueva vida y para otorgar un nuevo vigor al débil y al cansado, y a todo cristiano de fe extenuada y desfallecida. Cuando levantan las manos para otorgar sus bendiciones y absoluciones, y cuando levantan la Sagrada Forma, otorgan nueva vida. Así, los soldados de Cristo pueden vivir y luchar un día más.

Dicen que no hay ateos en las trincheras. Podemos estar seguros de que los hombres atrincherados aprecian profundamente a sus capellanes, y que no les cuesta trabajo comprender el ministerio de los antiguos sacerdotes que transportaron el Arca de la Alianza en la batalla. Muchos años después de la Segunda Guerra Mundial, otro capellán heroico, Father Joseph Ryan, evocaba así su primera experiencia en la batalla: «Recuerdo la primera noche. Tenía en la trinchera la mascarilla de gas y el Santísimo. Todos los jóvenes soldados –todos temíamos la muerte– querían dormir cerca del Santísimo Sacramento»[1].

Si tuviéramos ojos para ver (si tuviéramos un sexto sentido espiritual), sentiríamos esa necesidad con la misma intensidad que aquellos jóvenes. Sentiríamos una gratitud sobrecogedora hacia los hombres que responden a la llamada y cargan con el Arca del Señor entre nosotros.

---

[1] David Scott, *A Centurion's Faith*. Catholic Heritage, enero-febrero 1992. Disponible en www.DavidScottWrittings.com

8. LAS ÓRDENES Y EL TRIBUNAL

El sacerdote como juez

San Agustín no era un hombre propenso a las quejas. Para la mayoría, disfrutaba de su trabajo como clérigo en la ciudad norafricana de Hippo.

No obstante, si tenía alguna queja, era sobre las largas horas transcurridas cada día de trabajo, al frente del tribunal que presidía, como magistrado legal de la ciudad. Por entonces, en el siglo V, si uno era pastor, se esperaba de él que resolviera disputas, guiara reclamaciones y corrigiera errores. Los primeros cristianos se tomaron muy en serio la exhortación de San Pablo: «¿Cómo se atreve uno de vosotros, que tiene un pleito con otro, a demandar justicia ante los infieles, y no ante los santos? ¿No sabéis que los santos van a juzgar al mundo? Y si por vosotros va a ser juzgado el mundo, ¿no sois capaces de juzgar causas menores? ¿No sabéis que juzgaremos a los ángeles? Pues cuánto más las cosas ordinarias de la vida. Por tanto, si tenéis pleitos sobre estas cosas ordinarias, tomad como jueces a los menospreciados en la iglesia» (1 Co 6, 1-4). Por tanto, cuando querían justicia, se dirigían a la Iglesia, y no a los tribunales.

A los católicos actuales que echen un vistazo a esto a través de los siglos tal vez les inquiete el riesgo que quizá se corrió de enfocar el ministerio sacerdotal de un modo legalista. Quizá, en ciertos y contados casos, podría haber supuesto un problema; pero el «legalismo» era sin duda algo muy alejado de las mentes de San Agustín y de San Pablo. El juicio y la justicia en la Iglesia no hacían referencia al cumplimiento de la ley, sino más bien a la disciplina familiar y al sentir natural y sobrenatural de los Padres de la Iglesia. Finalmente, Agustín aceptó la responsabilidad, tras protestar en vano.

Agustín y sus contemporáneos se encontraban tal vez en una posición mucho mejor gracias a su cometido judicial. No obstante, debemos agradecer que la Iglesia, con el paso del tiempo, haya liberado al clero de tales obligaciones seculares. Hoy en día, un sacerdote todavía preside como juez en su parroquia. Todavía dispensa la misericordia y la justicia paternal de Dios. Pero lo hace en el confesionario, en vez de hacerlo en un tribunal civil.

Así es como debería ser, y así es como Jesús quiso que fuera cuando otorgó un poder extraordinario a sus Apóstoles: el de perdonar los pecados.

El don eterno del perdón

El perdón no es algo humano ni por naturaleza ni por derecho. Cuando Jesús dijo al paralítico: «Hijo, tus pecados te son perdonados», los fariseos se escandalizaron, y no les faltaron razones para preguntar: «¿Por qué habla éste así? [...] ¿Quién puede perdonar los pecados sino sólo Dios?» (Mc 2, 7). El pecado es, por encima de todo, una ofensa contra Dios, y por tanto sólo Él puede absolverlo verdaderamente.

Lo que los fariseos *ignoraban* era que Jesús es divino. Él es Dios, y por eso podía perdonar. Tenía derecho propio a perdonar, pues ese derecho pertenecía a su naturaleza divina.

73

Aun así, otorgó esta autoridad (como don, como gracia o participación de la vida divina) a sus apóstoles. «Dicho esto sopló sobre ellos y les dijo: Recibid el Espíritu Santo; a quienes les perdonéis los pecados, les son perdonados; a quienes se los retengáis, les son retenidos» (Jn 20, 22-23). En otra ocasión, especificó de manera más detallada lo que significaba: «Os aseguro que todo lo que atéis en la tierra quedará atado en el cielo, y todo lo que desatéis en la tierra quedará desatado en el cielo» (Mt 18, 18). ¿Cómo sabrían los apóstoles qué tenían que perdonar o retener si los pecados no fueran antes confesados?

Tal vez las palabras de Jesús suenen algo desgastadas tras dos mil años de uso frecuente; pero deberíamos recordarnos a nosotros mismos con frecuencia las consecuencias radicales que conllevan. El propio Dios se estaba sometiendo, de modo permanente, a la autoridad humana. ¡Qué humildad! ¡Qué virtud! Poco más de tres siglos después de que Jesús dijese aquellas palabras, San Juan Crisóstomo, un sacerdote de Antioquía de Siria, las consideraba como algo maravilloso: «En el cielo se encuentra la silla del sacerdote, que posee la prerrogativa de administrar los dones celestiales. ¿Quién ha dicho esto? El propio Rey de los cielos: "Todo lo que ates sobre la tierra quedará atado en los cielos". ¿Existe algo que pueda ser comparado con este honor? El cielo delega en la tierra el poder principal de juzgar. Como el juez está sentado en la tierra, el Señor secunda a su siervo, y lo que éste haya juzgado aquí abajo, Él lo ratifica en los cielos»[1].

Los apóstoles comprendieron la importancia de las palabras de Jesús, y podemos verles ejercitando su derecho como jueces a lo largo de su ministerio. Ellos instaron al pueblo cristiano a encontrar misericordia en la disciplina de la confesión sacramental. San Juan dijo: «Si confesamos nuestros pecados, fiel y justo es Él para perdonarnos y purificarnos de toda iniqui-

---

[1] San Juan Crisóstomo, *Homilías sobre Isaías*, 5. 1. Lenguaje ligeramente modernizado.

dad». (1 Jn 1, 9). San Pablo aclaró que la «confesión» es algo que uno realiza «con la boca», no sólo con el corazón y la mente (Rom 10, 10). Los cristianos confesaron sus pecados de manera audible ante sus clérigos. De lo contrario, los apóstoles no podrían haber sabido qué atar ni qué desatar.

En la mayor parte de los casos, el acto de arrepentimiento del pecador ya constituía suficiente penitencia; en otros, los apóstoles tenían que imponer castigos y actos penitenciales. Y en los casos incorregibles o escandalosos, incluso hubieron de recurrir a la excomunión (cfr. 1 Co 5, 1-5).

Una cosa sí es segura: Confiaban en su autoridad, ya que procedía del propio Maestro. «¿Qué preferís? ¿Que vaya donde vosotros con la vara, o con caridad y espíritu de mansedumbre?» (1 Co 4, 21).

El hombre de estado

La autoridad del clero era judicial y dispensaba justicia y misericordia; pero también era médica, para lograr la curación, devolver la integridad y restablecer las relaciones rotas. Santiago escribió en su epístola: «¿Está enfermo alguno de vosotros? [...] Que llame a los presbíteros de la Iglesia». Por lo que recuerdo, la palabra griega que se traduce como presbítero es *presbutero*, de la cual procede el término «párroco». Y continúa así: «y que oren sobre él [el enfermo], ungiéndole con aceite en el nombre del Señor. Y la oración de la fe salvará al enfermo, y el Señor le hará levantarse, y si hubiera cometido pecados, le serán perdonados. Así pues, confesaos unos a otros los pecados, y rezad unos por otros, para que seáis curados» (St 5, 14-16).

Santiago establece así con claridad la práctica de la confesión, en conexión con el ministerio curativo del sacerdote. De lo contrario, no habría dicho «así pues». Porque los sacerdotes son capaces de curar, les pedimos que unjan nuestros cuerpos cuando estamos enfermos; y aún con más urgencia, acudimos a ellos por el sacramento curativo del perdón cuando nuestras almas están enfermas por el pecado. Dado que son jueces, tienen la autoridad celestial de perdonar, la autoridad que Jesús concedió a los Doce, y que los Doce transmitieron a los «presbíteros».

Recuerde el lector que Santiago no exhortó a quienes le escuchaban a confesar sus pecados únicamente ante Jesús; tampoco les dijo que confesaran sus pecados en silencio, en sus corazones. Sino que les instó a confesarlos en voz alta «entre sí», y en concreto a un sacerdote.

Al igual que toda acción judicial, el perdón sacramental aspira a restaurar una relación. En el tribunal civil o penal, cada caso trata sobre una ruptura con la sociedad, producida por negligencia o por una actividad criminal. En el confesionario, todo hace referencia al pecado contra Dios y el prójimo (que lleva consigo una herida o una ruptura con la Iglesia). San Pablo insistió: «En nombre de Cristo os rogamos: reconciliaos con Dios» (2 Co 5, 20).

Sentido común

Cuando los cristianos se confiesan con regularidad, la «sociedad» de la parroquia, y de la Iglesia, se vuelve más pacífica. Cuando la Iglesia está en paz, sirve como levadura de paz en la tierra.

Una vez tuve el privilegio de observar este hecho en condiciones de laboratorio casi perfectas.

Mi vuelo sufría un retraso y yo esperaba, junto a otra docena de viajeros, en una de las puertas de embarque del aeropuerto de Filadelfia. Afuera llovía a cántaros y pocas eran las expectativas de que disminuyera. Las espesas y oscuras nubes no auguraban nada bueno, y el viento soplaba con fuerza contra los ventanales. La compañía aérea no había cancelado nuestro vuelo, pero había vuelto a retrasar el despegue. Al parecer, ciertos vuelos sí que estaban despegando, con lo cual quedaba esperanza, por mínima y tenue que fuese.

Esperábamos sentados en las filas de asientos con unos rostros tan grises como los de la tormenta, pensando en la cantidad de citas que ya habíamos perdido o que posiblemente íbamos a perder. No conversábamos mucho entre nosotros, excepto alguna queja ocasional sobre el tiempo o, lo que es más patético, sobre la compañía aérea. Cada uno de nosotros ardía de rabia por dentro. Yo echaba en falta a mi familia, y posiblemente faltaría además a la clase de última hora de la tarde. Pero de lo que no me cabía duda es que faltaría a mi cita semanal con mi confesor.

Intentando apartar los ojos de los ventanales para no enojarme más todavía, de repente divisé varias filas más allá a un hombre vestido con pantalón negro, camisa negra y... ¡sí! El revelador alzacuellos romano.

¡Un sacerdote! Al menos no faltaría a mi confesión. Aquel hombre podría salvar parte de un día ya de por sí lamentable.

Esbocé una sonrisa, me puse en pie y caminé entre mis compañeros de lamentos para acercarme al sacerdote.

—Perdone –le pregunté–. ¿Es usted sacerdote católico?

Sí que lo era.

—¿Y me escucharía en confesión?

Se le iluminó el rostro. ¡Por supuesto que sí!

Así que caminamos juntos hasta una parte más desocupada de la sala de espera y nos sentamos. Yo confesé entre susurros, y entre susurros me absolvió él.

Le di las gracias y, cuando me alejaba, un hombre me detuvo y me preguntó si el sacerdote acababa de escucharme en confesión. Asentí a su pregunta, y el hombre salió a toda prisa hacia el clérigo.

Y entonces ocurrió algo impresionante. ¡De repente, se formó una cola!

Tal vez la perspectiva de volar en medio de aquella tormenta había inspirado a los viajeros habituales a prepararse para una posible muerte. Tal vez la gente simplemente se sentía culpable por culpar a la compañía aérea de aquel clima. El caso es que, fuese cual fuese la razón, en aquella puerta de embarque, un católico tras otro fueron confesando sus pecados.

Después ocurrió algo también sorprendente. Al principio emergieron breves conversaciones aquí y allá. Pero sin duda, el humor había cambiado. La gente sonreía y hacía sonreír a los demás, y se sacaban de la cartera fotos de sus hijos y de sus nietos para enseñarlas.

Ya sé que no puedo demostrar que todo aquello fuese resultado de la confesión de una minoría católica. Pero la verdad es que no se me ocurre otra explicación.

Cuando los tribunales están en orden, las almas están en paz y la sociedad se muestra más tranquila.

La ley y las órdenes

Nuestros sacerdotes tienen la seria obligación de ayudar a que nos preparemos para el banquete celestial, no sólo al final de nuestros días, sino también en cada Misa a la que asistimos. Antes de sentarnos a la mesa debemos estar limpios. De la misma forma, San Pablo instó a los fieles de Corinto de esta manera: «Examínese, por tanto, cada uno a sí mismo, y entonces coma del pan y beba del cáliz» (1 Co 11, 28). Pablo quería (no, Dios quería) que reconociéramos nuestros pecados para poder realizar una confesión limpia. Y continúa diciendo: «Si nos examináramos a nosotros mismos, no seríamos condenados. Pero al ser juzgados, somos corregidos por el Señor, para no ser condenados con el mundo».

La ley y el orden en ocasiones reciben muchas críticas. Pero en verdad son un requisito previo para la paz. Nos irrita la disciplina, aunque la vida es mucho mejor cuando vivimos y trabajamos de manera disciplinada. Dios nos facilita vivir así, porque nos ofrece buenos confesores y nos otorga misericordia divina.

¿Es acaso sorprendente que al sacerdote se le iluminase el rostro cuando me acerqué a él en la puerta de embarque? Estaba viviendo la vida de un rey. Mejor dicho, estaba viviendo mucho mejor que cualquier rey de este mundo. San Juan Crisóstomo disfrutaba del privilegio de ser confesor, y lo explica de la siguiente forma:

«Veréis, el sacerdocio es algo más elevado que la realeza en sí, y sus responsabilidades son también mayores... Si queréis ver la diferencia entre un sacerdote y un rey, examinad la medida de autoridad otorgada a cada uno, y veréis que el sacerdote se sienta mucho más arriba que el rey. Es decir, incluso si el trono real, engarzado de joyas y rodeado de oro, os sorprende por su exaltación, recordad que el rey ha sido elegido para administrar los asuntos de la tierra, y carece de autoridad alguna más allá, mientras que el trono del sacerdote se encuentra en los cielos... El sacerdote ha aceptado su lugar entre Dios y la naturaleza humana para traernos los honores de lo más alto y para aceptar nuestras peticiones allá arriba, reconciliando [a Dios] con nuestra naturaleza común cuando se encoleriza, y rescatándonos de sus manos cuando le hemos ofendido. Por tanto, Dios somete incluso la cabeza real bajo las manos del sacerdote para enseñarnos que un soberano es más importante que el otro, y que al fin y al cabo, el inferior es bendecido por el superior»[2].

En este caso sí que puedo refrendarlo como testigo. Si estuviese en un tribunal, juraría sobre la Biblia con la conciencia bien tranquila.

---

[2] San Juan Crisóstomo, *Homilías sobre Isaías,* 5. 1.

9. CORAZONES INQUIETOS

El sacerdote como esposo

Hemos de remontarnos, una vez más, a los tiempos del Jardín del Edén.

En este libro hemos regresado en numerosas ocasiones a la historia de la creación, algo imprescindible en todo estudio de las Escrituras y la teología. La Biblia no está organizada de manera cronológica. El Génesis aparece en primer lugar, no sólo porque habla de los inicios de los tiempos, sino porque ostenta cierta primacía. La compacta historia de la creación está densamente cargada de verdades teológicas. Los primeros cristianos lo llamaron el «Primer Evangelio», porque anuncia la llegada del Redentor. Y además ofrece la clave de interpretación para comprender el comportamiento humano, a través de toda la historia y hasta el fin de los tiempos.

Desde San Agustín, los santos han destacado que el Génesis no trata tanto del «cuándo» o del «cómo» de la creación, sino del «quién» y del «por qué». En las acciones de Dios vemos las razones que mueven nuestros impulsos y nuestras añoranzas humanas, nuestras tristezas y nuestras satisfacciones. Agustín lo explicó claramente: «Nos has creado para ti, oh Señor, y nuestros corazones estarán inquietos hasta que descansen en ti». Esa «creación» es la que vemos en la historia de Adán y Eva.

Por eso el lector y yo acudimos al Génesis cuando queremos entender el significado del trabajo, de la paternidad y del sacerdocio. Encontramos allí que Dios creó todas estas cosas en el tejido del universo, y las hiló en la fibra de nuestro ser.

No obstante, nos queda por examinar otro impulso grandioso: el del matrimonio.

¿Qué tiene que ver el matrimonio con la vocación del sacerdocio? Todo, y el propio Jesús lo dejó claro. Pero no adelantemos acontecimientos. Comencemos por el principio.

Principalmente masculino

Cuando Dios crea el universo, va evaluando sus elementos según salen de su mano. Crea la tierra y el cielo, la luz y la oscuridad, los pájaros y los peces. «Y vio Dios que era bueno» (Gn 1, 10, 12, 18, 21, 25).

En Génesis 2, el autor sagrado vuelve a examinar la historia, esta vez presentándola en «primer plano». Consideramos entonces lo que ocurrió, pero algo más desde la perspectiva del mundo, y la narración se nos presenta con algo curioso. A pesar de afirmar que la creación por parte de Dios es «buena», de repente nos sorprende con la afirmación de que algo en el Edén «no es bueno». Y no es de extrañar que nos sorprendamos. Recuerde el lector: todo esto es antes de la caída, antes del pecado original y sus catastróficos efectos.

Después de la creación del hombre, el Señor afirma: «No es bueno que el hombre esté solo», y añade: «Voy a hacerle una ayuda adecuada para él» (Gn 2, 18).

Por tanto, identifica la soledad del hombre como una imperfección, como algo incompleto, una carencia, una falta, una necesidad. Sí que encuentra satisfacción, no obstante, en la siguiente acción divina. Infunde sueño al hombre, toma una de sus costillas y a partir de ella modela a Eva. Después, el hombre afirma: «Ésta sí es hueso de mis huesos, y carne de mi carne» (Gn 2, 23). Incluso traducido, este versículo evoca no sólo satisfacción, sino incluso éxtasis.

Con el tiempo, el propio Jesús regresa a la misma historia al brindar su divina enseñanza sobre el matrimonio. «¿No habéis leído que al principio el Creador los hizo hombre y mujer, y que dijo: Por eso dejará el hombre a su padre y a su madre y se unirá a su mujer, y serán los dos una sola carne? De modo que ya no son dos, sino una sola carne» (Mt 19, 4-6).

Aquí lo tenemos, de la mano del creador y en la palabra del redentor. Dios revela el sentido de nuestra vida y el fin al que estamos destinados a través de la creación de nuestros cuerpos. Nos creó hombre y mujer, con diferencias importantes y complementarias, para que cada uno pudiera, de cierta forma, completar al otro. El Papa Juan Pablo II lo calificó como el «sentido nupcial del cuerpo». Cada uno de nosotros, hombres y mujeres, tiene profundas necesidades que el otro puede satisfacer.

De nuevo, esto resulta significativo, más que meramente importante. Porque «significa» algo. La unión del hombre y la mujer en matrimonio es un signo poderoso y duradero de nuestra vocación de *darnos* por el bien del otro, de entregarnos al otro. Y esto adquirirá un sentido especialmente destacado en nuestra comprensión del sacerdocio.

La multitud solitaria

En la actualidad, la discusión no es tan exaltada. El significado nupcial del cuerpo, en el discurso común, se reduce a la atracción sexual, satisfecha, según los doctores famosos, sólo si tenemos más o mejor sexo. Según este punto de vista, los dos no son uno, sino meros «compañeros», como si llegasen a un acuerdo de negocios.

Nuestra sociedad (al menos de forma teórica) ha facilitado que el sexo esté más disponible que nunca. Y, sin embargo, ha hecho que sus ciudadanos regresen, en cifras epidémicas, a un estado de soledad donde las cosas «no son buenas», nada buenas.

Pero, ¿qué hay de malo en este asunto?

El problema es que el sexo, separado de la idea de entrega de uno mismo, no satisface. De hecho, hace que las personas se sientan más aisladas o insatisfechas que nunca, tanto si están casadas como solteras. Existe un adagio latino que ha llegado hasta nosotros de numerosas formas, y que se le atribuye a Aristóteles: *Triste est omne animal post coitum* (tras el acto sexual, todos los animales están tristes). También podría traducirse como «todas las almas están tristes». Y esto resulta especialmente cierto en aquellas almas reducidas al estado animal mientras buscaban una mera satisfacción humana.

Y de nuevo, el problema es que el sexo, apartado de la idea de sacramento, se convierte en una forma de idolatría. Su reclamo se convierte así en un dios implacable que se burla de las personas solitarias y lastimeras que le rinden adoración.

La tradición cristiana no convierte el sexo en una divinidad ni un fin en sí mismo. Los cristianos consideramos el matrimonio como un sacramento, y por tanto, esta comunión en una sola carne constituye un misterio aún mayor y más profundo. La pareja cristiana se siente así liberada de la necesidad de que el sexo sea la afirmación final, el único y verdadero bien, la única satisfacción del único impulso.

La satisfacción momentánea de su abrazo es puramente temporal y pasajero, cuya finalidad es dirigirlos hacia algo eterno.

Preparado para la gloria

El primero en detenerse a descifrar el significado sacramental del matrimonio fue San Pablo. Y al hacerlo, regresó a la misma historia que Jesús, e incluso al mismo versículo: «Por eso dejará el hombre a su padre y a su madre y se unirá a su mujer, y serán los dos una sola carne» (Ef 5, 31). Pero el apóstol dio un paso más: «Gran misterio es éste, pero yo lo digo en relación a Cristo y a la Iglesia» (Ef 5, 32). La clave yace en la palabra *misterio*, que procede del griego *musterion*. Esta se tradujo al latín como «sacramentum», y pasó a nuestro idioma como «sacramento».

El matrimonio es signo de la profunda comunión que existe entre Cristo y la Iglesia. Se trata de una relación anunciada en el Antiguo Testamento, donde los profetas hablaban de Dios como el pretendiente o el esposo de su pueblo elegido, Israel. «Porque será esposo tuyo tu Hacedor, cuyo Nombre es el Señor de los ejércitos» (Is 54, 5). El pueblo, por su parte, es descrito como una novia infiel: adúltera, abandonada e incluso prostituta.

Ahora bien, Cristo ha venido como esposo (cfr. Mt 9, 15) para establecer una comunión duradera e íntima. Como amado marido, «Cristo amó a la Iglesia y se entregó a sí mismo por ella» (Ef 5, 25). Y con este matrimonio ha comenzado una nueva vida, una nueva creación. El Libro del Apocalipsis lo describe en términos de visión como las «bodas del Cordero» (Ap 19, 7, 9), donde la novia es la Nueva Jerusalén (Ap 21, 2). De hecho, es en las bodas del Cordero, en la Santa Misa, donde el matrimonio se consuma y se convierte en la unión de una sola carne.

Y por esta unión fuimos creados. Cuando recibimos la Sagrada Eucaristía, afianzamos nuestra unión duradera y gozosa con Dios, que esperamos mantener por siempre en los cielos; la unión por la cual fuimos creados y por la que el matrimonio se convierte en un símbolo sacramental. Ya disponemos del cielo, aunque todavía no podamos disfrutarlo con nuestros sentidos físicos (consulte 1 Jn 3, 2 y 1 Co 13, 12).

Sin embargo, el banquete de bodas ha comenzado. El «fin de los tiempos» llegó con la venida de Jesucristo, la Palabra hecha Carne. Y los cielos se han establecido sobre la tierra.

Hasta la llegada del reino

El sacerdote es un signo de ese nuevo orden mundial. Antes mencionamos que se encuentra en la Iglesia *en prosopo Christou*, como la persona, la presencia y el rostro de Cristo. Así es como San Pablo comprendió su ministerio sacerdotal, y así es como la Iglesia católica ha entendido siempre el papel del hombre ordenado para el ministerio. El sacerdote se configura en Cristo de tal forma que puede hablar en su nombre, bendecir con sus manos, consagrar con su voz. En la persona del sacerdote, el esposo se encuentra de pie junto a la esposa, y le entrega a ésta todo lo que tiene: cuerpo, sangre, alma y divinidad. El sacerdote se encuentra en pie como el esposo ante la esposa, y lo hace como Cristo, sacerdote eterno y esposo celestial.

Por tanto, el celibato sacerdotal es un signo externo del compromiso total de Cristo con la Iglesia. Al igual que la entrega de Jesús fue total, íntegra e ininterrumpida, así es la del sacerdote célibe, que vive como imagen de Cristo ante su Iglesia hasta la consumación de la historia. «Porque en la resurrección no se casarán ni ellas ni ellos, sino que serán en el cielo como los ángeles» (Mt 22, 30). Por tanto, los sacerdotes viven ahora como todos viviremos al final de los tiempos. «En el cielo como los ángeles», los sacerdotes tienen a Dios, y por tanto no necesitan el matrimonio.

En el Antiguo Testamento, los sacerdotes respetaban el celibato durante sus turnos de servicio (cfr. Ex 19, 15 y Dt 23, 9-13).

Pero el turno de servicio de Cristo es para siempre. Es perpetuo, al igual que el sacerdocio es eterno.

El celibato eterno de Jesús es un signo de compromiso total, y Él describió la vocación del celibato como una gracia, un don «concedido» por Dios (Mt 19, 11) «por el bien del Reino de los Cielos» (Mt 19, 12), que es la Iglesia en la tierra. «Quien sea capaz de entender, que entienda».

San Pablo vivió ese compromiso total, y habló así al referirse a la nueva era que había amanecido con Cristo. Desde Pentecostés hasta el final de los días hay un tiempo de transición y crisis. El apóstol lo denomina «la presente necesidad» (1 Co 7, 26). «El tiempo es corto (…) y la apariencia de este mundo pasa» (1 Co 7, 29, 31).

Desde el momento de la creación, Dios instauró el matrimonio dentro de la estructura del mundo. Pero ahora está llegando a una plenitud: los signos van dejando paso a lo significado, y las imágenes a la realidad que ocultaban.

El sacerdote célibe es testigo de ello.

En el largo capítulo sobre el celibato en su Primera Carta a los Corintios, San Pablo ofrece otras razones prácticas por las que estar soltero es algo bueno y deseado. De hecho, desea que *todos* pudieran tener ese don (cfr. 1 Co 7, 7-8). Y destaca que los hombres casados tienen «tribulaciones terrenales», «ansiedades» con respecto a la familia y el trabajo, por no olvidar la preocupación de «cómo agradar a su mujer» (1 Co 7, 28, 32, 33). «El que no está casado se preocupa de las cosas del Señor, de cómo agradar al Señor» (1 Co 7, 32). Y termina explicando que los cristianos célibes serán más felices durante su vida (1 Co 7, 40).

Rebosante de satisfacción

Como hombre casado que sirvió en un ministerio cristiano, puedo añadir mi propio testimonio al de San Pablo. En mi papel de pastor-esposo-padre, encontré complicado equilibrar todas mis obligaciones. Tuve que soportar dos tipos de ansiedades y, en cierto sentido, servir a dos esposas: mi mujer y mi congregación. También resultó duro para mi mujer. Como católicos conversos, ahora creemos firmemente en el valor (teológico y práctico) del celibato sacerdotal. En la literatura sobre conversiones, no faltan los testimonios por parte de otros ministros anteriormente protestantes.

No es mi intención devaluar el matrimonio: me siento totalmente feliz con la vocación que Dios me ha dado. De hecho, creo que es mi fuerte aprecio hacia el matrimonio lo que me permite apreciar el celibato.

En hebreo, la misma palabra denota «boda» y «santidad». El término *kiddushin* significa, literalmente, «preservar». Al igual que una mujer se preservaba para el matrimonio con un hombre, los vasos preciosos del Templo se guardaban únicamente para uso litúrgico. Esos vasos sagrados no podían emplearse para ningún banquete, por muy importantes que fuesen los invitados.

De este modo, un sacerdote se preserva para los asuntos sagrados, y realiza el sagrado sacrificio del mayor de los dones que Dios le ha otorgado en el orden de la naturaleza. Recuerde el lector los oráculos del profeta Malaquías: Es pecado que el sacerdote coloque en su altar algo de segunda clase. Igualmente, el celibato no devalúa el matrimonio, sino que fija su valor en un punto extremadamente elevado.

Por el bien del reino, un hombre sacrifica lo mejor de los bienes creados (el matrimonio y la progenie terrenal) y, como Jesús y San Pablo destacaron, aún se queda con la mejor de las porciones.

¿Cómo me convertí en esposo? Entregando a mi esposa mi carne y mi sangre. Y este regalo se convirtió en una entrega de vida. Cuando los dos nos convertimos en uno, la unidad fue tan real que hubo que darle un nombre. Un sacerdote tiene el poder de convertirse en un esposo sobrenatural, ofreciendo la carne y la sangre de Cristo con el poder de donar la vida del esposo de la Iglesia.

Por el bien de ese matrimonio, el sacerdote renuncia a cualquier otro matrimonio; y aun así se siente completamente satisfecho. Pues un hombre no se siente completo cuando es sexualmente activo, sino cuando se convierte en esposo y padre. Pensemos en los orígenes. Éste es el sentido de nuestra creación. Éste es el sentido de la humanidad. Las órdenes sagradas forman a un hombre para ser esposo y padre de manera mucho más satisfactoria: un marido para la esposa de Cristo, un padre para un sinfín de almas (cfr. Mt 19, 29).

Ésta es la razón por la que los primeros cristianos entendieron el celibato como algo intrínsecamente atractivo. Lo vimos en San Pablo. También lo encontramos en el Libro del Apocalipsis (14, 4). Los primeros Padres de la Iglesia lo mostraron en todo momento. Allá por el año 150, San Justino mártir informó al Emperador Antonino Pío de que «muchos» cristianos vivían una vida célibe. Pocos años más tarde, Atenágoras de Atenas aseguró lo mismo al Emperador Marco Aurelio. Y por la misma época, el médico pagano Galeno se maravilló ante la humanidad de los célibes cristianos. A través de su «auto disciplina y auto control», afirmó, se habían convertido en verdaderos filósofos. En tiempos de San Juan Crisóstomo (siglo IV), los célibes podrían sumar poco más del diez por ciento de los cristianos en una gran ciudad como Antioquía. Y en el posterior imperio bizantino, el celibato adquirió tal popularidad entre los hombres más inteligentes y sabios que el gobierno consideró necesario imponer restricciones en los monasterios.

La naturaleza humana no ha cambiado desde entonces, ni el celibato ha descendido de valor. Hoy en día, un mundo nuevamente paganizado está listo por volver a descubrirlo.

10. PARADOJA PROVIDENCIAL

El sacerdote como padre célibe

Regresemos por un momento a los tiempos de los patriarcas bíblicos, un tiempo en el que el valor de un hombre se medía por el número de hijos que engendraba y la extensión de las tierras que dejaba a sus hijos como herencia. Estos constituían una garantía de seguridad y defensa en la antigüedad. El patriarca entregaba a sus hijos todo lo que él había recibido a su vez de su propio padre. Y a sus hijos, en concreto al primogénito, el patriarca le hacía entrega del sacerdocio familiar.

Considérese, pues, la pena de un hombre sin hijos, o la de una mujer incapaz de dar herederos a su próspero y acaudalado marido. La Biblia presenta varias historias de parejas estériles y manifiesta su angustia, aún más dolorosa por la burla de los vecinos, que ponían en duda la virilidad del marido y la capacidad de la esposa como mujer.

Pensemos en el suplicio de Abrán, que vivió en la ciudad de Ur, en la tierra de los caldeos. Heredero de una jugosa fortuna, confiaba entregar todas sus posesiones a sus hijos. De hecho, su propio nombre, Abrán, significa «padre engrandecido». Además, el propio Dios le confirmó sus más sinceras esperanzas y le reservó un patriarcado mucho más próspero: «Vete de tu tierra y de tu patria y de casa de tu padre, a la tierra que yo te mostraré; de ti haré un gran pueblo, te bendeciré, y engrandeceré tu nombre que servirá de bendición, [...] en ti serán bendecidos todos los pueblos de la tierra» (Gn 12, 1-3).

Con esta divina garantía, Abrán siguió adelante repleto de fe y esperanza. Sin embargo, sabemos que en su camino, y con el paso de los años, las familias de la tierra todavía no eran bendecidas por su nombre. Por el contrario, se reían disimuladamente de su propio nombre: Padre engrandecido.

Aun así, Dios continuó realizando grandiosas promesas paternales, incluso cuando Abrán y su esposa Saray superaron los setenta y cinco años, y fueron aproximándose al siglo de edad. En Canaán, el Señor le dijo: «A tu descendencia daré esta tierra» (Gn 12, 7). Más tarde, el Señor añadió: «Mira al cielo y cuenta, si puedes, las estrellas [...]. Así será tu descendencia» (Gn 15, 5).

Contando el número de los herederos

¿Podría haber algo más absurdo que el aprieto de este hombre sin hijos, de edad demasiado avanzada, que tenía por nombre el de Padre engrandecido? ¿Acaso es de extrañar que su propia esposa, Saray, se riera ante las perspectivas de procrear (Gn 18, 12)?

Y por si esta humillación no fuese suficiente, Dios celebró el centenario de Abrán otorgándole un nuevo nombre. En adelante ya no se llamaría Padre engrandecido. No, incluso Dios coincidía en que era un nombre poco adecuado a las circunstancias. Mientras que cualquiera de nosotros habría reducido el nombre, Dios optó por elevarlo. Mucho más de lo esperado.

«No te llamarás más Abrán, sino que tu hombre será Abraham, porque te he constituido padre de multitud de pueblos» (Gn 17, 5).

Estoy convencido de que este nuevo nombre no le puso las cosas más fáciles a Abraham, ya que entonces tuvo que padecer las burlas más crueles de sus vecinos.

Sabemos, eso sí, cómo termina la historia. Abraham y Sara (que también recibió un nuevo nombre) tuvieron un hijo llamado Isaac, que a su vez sería padre de Jacob, cuyos hijos engendrarían a la nación de Israel.

Aun así, Dios no pretendía bendecir a *una nación* a través de Abraham, sino a una *multitud de naciones*. La promesa original de Dios constituía la base del mensaje que Moisés llevó al Faraón, cuando intentó liberar a Israel de la esclavitud egipcia: «Entonces tú dirás al Faraón: Así dice el Señor: Israel es mi hijo, mi primogénito» (Ex 4, 22). Israel sería el primogénito de muchas naciones. El faraón no lo entendió, ni tampoco el antiguo Israel. Reiteradamente sucumbió al nacionalismo y al orgullo étnico, optando por la separación del resto del mundo.

Sin embargo, más de un milenio después, San Pablo destacaría que la gran promesa que Dios hizo a Abrán no fue realizada por su alianza de circuncisión (un rito al que se sometió a los noventa y nueve años). Por el contrario, la promesa se hizo mucho antes. Así, Abrán se convirtió en el padre de judíos y gentiles no sólo mediante un acto ritual, sino a través de la fe. En su nombre «serán bendecidos *todos los pueblos de la tierra*», no sólo una familia, la de los israelitas circuncisos (y posteriormente el resto, los judíos), sino *todos los pueblos de la tierra* (para conocer el discurso de San Pablo, cfr. Carta a los Gálatas, capítulo 3).

Los pueblos de todas las naciones, tanto judíos como gentiles, se unirían en Cristo. Por ello, la primera línea del Nuevo Testamento identifica a Jesús como «hijo de Abraham» (Mt 1, 1).

Dios cumplió su promesa y Abraham se convirtió en padre de multitudes. Los pueblos de todas las naciones recibieron la bendición de Dios a través de su semilla, y su prole fue tan innumerable como las estrellas.

Sin duda esta es la historia que Jesús tenía intención de evocar cuando pidió a sus primeros sacerdotes que dejaran todo atrás para seguirle: «Y todo el que haya dejado casa, hermanos o hermanas, padre o madre, o hijos, o campos, por causa de mi nombre, recibirá el ciento por uno y heredará la vida eterna» (Mt 19, 29).

Marginados enaltecidos

Los primeros cristianos entendieron el mensaje y respondieron, y fueron testigos de extraordinarias recompensas, incluso en medio de las persecuciones. A finales del siglo III, el historiador Eusebio escribió algo que merece la pena citar al completo:

> «La razón que los hombres que adoraban a Dios tenían para engendrar hijos ya no se menciona, porque engendrar hijos ha perdido ese significado para nosotros, pues podemos observar con nuestros propios ojos cómo, con la ayuda de Dios, miles de naciones y pueblos procedentes de ciudades, tierras y campos se reúnen a través de las enseñanzas evangélicas de nuestro Redentor, con el fin de escuchar la divina instrucción a través de las enseñanzas del evangelio. Resulta adecuado que los maestros y heraldos de la verdadera adoración a Dios estén ahora liberados de las cadenas de tener que ganarse la vida y de las atenciones diarias. De hecho, a estos hombres se les ordena ahora que se distancien con firmeza del matrimonio, con el fin de dedicarse a asuntos de mayor gravedad. Ahora se preocupan por engendrar descendientes sagrados, no carnales. Y han aceptado en sus personas este acto de engendrar, la educación que place a Dios y las atenciones diarias no sólo de uno o dos hijos, sino de un número indeterminado a la vez»[1].

---

[1] Eusebio de Cesarea, *Comentarios sobre el Evangelio* 1. 9.

A los ojos del mundo, aquellos antiguos sacerdotes cristianos parecían envejecer sin hijos, sin herederos, pero no era así. Lejos de ello, los sacerdotes de Jesucristo, a través del celibato, serían enaltecidos como padres de multitudes.

El Señor había predicho este día con todo tipo de detalles a través del profeta Isaías, que vuelvo a citar al completo por su importancia:

> *«Que no diga el extranjero que se haya*
> *adherido al Señor:*
> *"De seguro que el Señor me separará de su pueblo".*
> *Y que no diga el eunuco:*
> *"No soy más que un árbol seco".*
> *Porque esto dice el Señor:*
> *"A los eunucos que guarden mis sábados,*
> *elijan lo que me complace*
> *y mantengan mi alianza,*
> *les daré, dentro de mi casa y de mis muros,*
> *parte y renombre mejores que hijos e hijas:*
> *les daré nombre eterno que no será borrado.*
> *A los hijos del extranjero que se adhieran al Señor*
> *para servirlo y amar el Nombre del Señor,*
> *para serle sus siervos,*
> *y a cuantos guarden el sábado sin profanarlo,*
> *y mantengan mi alianza,*
> *les haré entrar en mi monte santo,*
> *les daré alegría en mi casa de oración:*
> *sus holocaustos y sus sacrificios*
> *me serán gratos sobre mi altar,*
> *porque mi casa será llamada*
> *casa de oración para todos los pueblos"». (Is 56, 3-7)*

Estos israelitas consideraban a los gentiles y eunucos como sucios, no merecedores de permanecer ante la presencia de

Dios. Los eunucos eran hombres castrados, privados del ejercicio de su sexualidad, con el fin de poder confiar en ellos la guardia y el servicio del harén de esposas de un rey. A los ojos del mundo, no eran del todo hombres.

Aun así, Isaías previó un día en que los *eunucos gentiles* se encontrarían en la montaña sagrada de Dios, en el mismísimo altar, para ofrecer sacrificio sacerdotal. Sin duda se trata del día que Jesús anunció cuando afirma lo siguiente: «En efecto, hay eunucos [...] que se han hecho eunucos a sí mismos por el Reino de los Cielos» (Mt 19, 12). Aunque el Rey de Reyes no tenga harén alguno, adora a su esposa, y por ello llama a una nueva clase de célibes para que cuiden de ella, la Iglesia.

Divina paternidad

¿Por qué Dios nombró a Abraham como padre de multitudes cuando todavía no tenía ningún hijo? Su intención no era irónica, sino reveladora. Dios deseaba revelar su propia paternidad al mundo bendiciendo a todas las naciones, pero primero tenía que purificar nuestras ideas con respecto a la paternidad. Conocemos la paternidad por experiencia, pues todos tenemos padres. La paternidad humana se asemeja a la divina. Funciona como una analogía, pero las analogías son imperfectas.

La paternidad de Dios es como la paternidad humana, aunque con más diferencias. La paternidad humana suele requerir varios elementos: un cuerpo, de género varón, órganos sexuales para el acto sexual, que normalmente se consuma en el contexto del matrimonio. Aun así, Dios carece de todos ellos: ni cuerpo, ni género, ni órganos, ni actos, ni matrimonio. Sin embargo, es el único padre verdadero.

En tal caso, ¿cuál es la esencia más pura de la paternidad? No es primordialmente humana y biológica. Es divina y teológica. Es, por encima de todo, una realidad espiritual.

Sólo los seres espirituales pueden ser verdaderos padres. Los animales que no son humanos no cuentan, pues no son personas que conozcan y amen. Carecen de alma racional.

Incluso entre los humanos, el acto físico de la reproducción exige de la cooperación de Dios. El intercambio sexual, en sí mismo, es metafísicamente incapaz de comunicar la totalidad de la naturaleza humana. Cuando el espermatozoide y el óvulo se unen, dan lugar a la sustancia material de un cuerpo físico, pero el cuerpo no es sólo humano, sino que necesita de un alma espiritual. Esto es lo que nos diferencia del resto de animales. Y es Dios quien crea todas y cada una de estas almas a partir de la nada. La creación de una persona constituye todo un misterio de fe.

En última instancia, sólo Dios es Padre, y su paternidad perfecta es un acto espiritual. Los sacerdotes célibes viven en Dios Padre y son imágenes vivas suyas, ya que engendran nuevos hijos para el reino a través del bautismo.

Aunque un sacerdote no tenga hijos biológicos propios que le tiren de la chaqueta, no es por ello menos padre que yo. De hecho, es más padre que yo, porque en su paternidad se asemeja con mayor perfección a Dios.

Signo de contradicción

Los coetáneos de Abraham le miraban y creían que su infertilidad era causa de maldición. Sin duda alguna, los primeros miembros del clero cristiano también vivirían rodeados de la misma incomprensión. El celibato es siempre un «signo de contradicción» para un mundo entregado a una sensualidad desordenada. Este mundo no encuentra satisfacción plena en su sensualidad y, sin la revelación divina, tiende a darse cuenta de la realidad cuando ya es demasiado tarde y se ha recorrido un largo camino de errores y de dolor. Mucha gente satisface su sexualidad para evitar la soledad, y a la larga termina igualmente sola, envuelta en una soledad provocada por un estilo de vida indulgente con sus propios defectos.

El celibato es un misterio, pero no tan enigmático ni extraño como los críticos quieren considerarlo. Los sacerdotes israelitas lo respetaban durante su servicio. Incluso en la actualidad, la sociedad secular exige un celibato al menos temporal de los hombres que realizan el trabajo más importante. Los soldados parten a la guerra, en ocasiones durante varios años, y esperamos de ellos que sean fieles a sus esposas. Los médicos en ocasiones han de separarse de sus mujeres durante una parte de su formación, y también esperamos de ellos que sean fieles. Y en algunos estados americanos, los trabajadores del servicio público están obligados por ley a dejar su hogar y su familia en momentos de urgencia.

La abstinencia sexual es una parte habitual en la vida de la gente corriente. Las parejas casadas la respetan durante varias semanas tras el nacimiento de un bebé. En caso de enfermedad, muchas parejas se abstienen por periodos que pueden durar años. Tal como afirma la Escritura, hay «tiempo de abrazar y tiempo de dejarse de abrazos» (Ec 3, 5).

La atracción sexual es sin duda una poderosa fuerza en la vida humana, pero no conforma la totalidad de nuestras vidas. En ocasiones nos puede resultar abrumadora, pero esas ocasiones pasan. Las horas son largas, pero la vida es corta, y lo que finalmente hace que una vida resulte satisfactoria no es la actividad sexual, sino la fidelidad a la voluntad de Dios. Para los hombres, lo que hace que la vida resulte satisfactoria es la paternidad; y esto, como ya hemos visto, no es puramente biológico, sino teológico.

Abraham lo sabía. Los primeros cristianos lo sabían. No obstante, cada generación debe aprender la lección como si fuera nueva, y debe enseñársela a un mundo que no quiere entender. El sacerdote lo enseña a la vez que es padre, mediante su vida alegre en celibato.

11. COMPROMISO DE FRATERNIDAD

El sacerdote como hermano

Tuve el privilegio providencial de crecer a la sombra de un hermano mayor. Si imitar a alguien es el modo más sincero de halagar, yo pasé la mayor parte de mi niñez tratando de imitar a Fritz, que era mayor que yo, que sabía más del mundo y que me sacaba tres años.

Imitando a Fritz aprendí a mejorar en el terreno de juego (valiosísimas lecciones para el niño más pequeño de la clase). Observando a Fritz aprendí a hacer las cosas que agradaban a mi madre y que la ponían de nuestra parte. Escuchando a Fritz aprendí a salir de apuros por mí mismo (también aprendí a meterme en unos cuantos líos, pero eso no viene a cuento ahora).

De mi hermano Fritz aprendí a lanzar la pelota de béisbol y a atraparla. Aprendí cómo y cuándo iniciar una carrera hacia la siguiente base. Y lo más importante de todo, tal vez, es que aprendí a ser un hijo. El instinto lo habría resuelto antes o después, pero Fritz me enseñó los atajos.

Estoy convencido de que los recuerdos de mi infancia me han ayudado a apreciar la doctrina del Nuevo Testamento y a conocer a Jesús como «primogénito». San Pablo lo denomina «primogénito entre muchos hermanos» (Rom 8, 29), «primogénito de toda la creación» (Col 1, 15), y «primogénito de entre los muertos, para que él sea el primero en todo» (Col 1, 18). Jesús aparece como el primogénito en el gran tratado sobre el sacerdocio, la Epístola a los Hebreos (Hb 1, 6) y el Libro del Apocalipsis (Ap 1, 5). De hecho, la epístola llega a referirse a la Iglesia como la «Iglesia del primogénito» (Hb 12, 23).

Leyendo el Antiguo Testamento, aprendemos que el primogénito es el que recibe de manera natural la bendición de su padre, el sacerdocio, a modo de herencia. Él representará al padre de manera muy especial. También representará al resto del clan ante el patriarca y ante Dios. En el Libro del Éxodo, el primogénito es objeto tanto de la bendición misericordiosa como de la maldición de la plaga final. Cabe destacar, igualmente, que el Antiguo Testamento está sembrado de nombres de primogénitos que fracasaron en su oficio (Caín, Ismael, Esaú, Rubén y Manasés, por citar unos cuantos).

No obstante, el propio Dios había tomado carne en Jesús como primogénito de la creación, el primogénito de muchos hermanos, el primogénito de una familia sacerdotal. Este Hijo amado, a diferencia de mi hermano Fritz y de mí, está libre de pecado y no tiene inclinación alguna a pecar. Por ello, es sumamente imitable. Y le imitamos en nuestro propio beneficio. Como participamos de su vida, somos más capaces de disfrutar de la vida de su hogar. Nos deleitamos con su atención y amor.

A través de las órdenes sagradas, los sacerdotes de la Iglesia son conformados con Cristo de manera única. En nuestra familia sacerdotal, ellos sirven en la persona y lugar del divino primogénito, Hijo único de Dios. Es de él, por encima de todos los demás, de quien aprenden a ser sacerdotes. Y lo consiguen mediante la imitación. Ellos son quienes mejor le imitan, por supuesto, ya que son quienes más tiempo pasan con él y más tiempo dedican a estudiar sus palabras y acciones.

Trabajos superiores

Sin lugar a dudas, una de las escenas más conmovedoras del Evangelio es la descripción que hace San Juan del rito de ordenación de los doce apóstoles. Jesús utilizó el mismo gesto ritual que los levitas habían empleado para preparar a sus sacerdotes para el servicio. Los purificó simbólicamente lavándoles los pies (Jn 13, 5-15; cfr. también Ex 29, 4; 30, 17-21; 40, 30-32), y concluyó ordenándoles que le imitaran, como los hermanos imitan al primogénito: «Os he dado ejemplo para que, como yo he hecho con vosotros, también lo hagáis vosotros» (Jn 13, 15).

San Juan nos muestra que esto tuvo lugar en el contexto de la Última Cena, la cena en la que Jesús dio forma a la liturgia de la Eucaristía y ordenó a los Doce que hicieran lo mismo en recuerdo suyo.

Sin embargo, en aquella ocasión Juan revela más contenidos sobre el discurso de Jesús, pues la ocasión es muy distinta del resto de escenas del Evangelio. Aquí, Jesús no actúa principalmente en beneficio «del mundo» que ha venido a salvar, sino en beneficio de sus sacerdotes. Y lo especifica en su oración al Padre: «No ruego por el mundo sino por los que me has dado, porque son tuyos» (Jn 17, 9). Más tarde reconoce que, a través del ministerio de estos hombres, Dios bendeciría a muchos otros, y añade: «No ruego sólo por éstos, sino por los que van a creer en mí por su palabra» (Jn 17, 20).

La parte más asombrosa del discurso es, sin lugar a dudas, tanto para nosotros como debió serlo para los apóstoles, la promesa de Jesús de que cada uno de los elegidos «hará las obras que yo hago, y las hará mayores que éstas porque yo voy al Padre» (Jn 14, 12). Adoptemos su punto de vista. Le habían visto alimentar a multitudes con tan sólo unos panes. Le habían visto resucitar a personas de entre los muertos. Le habían visto curar a leprosos, ciegos y paralíticos. ¿De veras les otorgaría el poder de realizar «obras mayores»? ¿Y cuáles podrían ser esas «obras mayores»? ¿Alimentar a multitudes más numerosas? ¿Resucitar cementerios enteros?

De hecho, en el Nuevo Testamento no hay constancia de que los apóstoles realizaran obras más espectaculares que aquéllas en el orden material. ¿Acaso se equivocaba Jesús? ¿O es que estamos malinterpretando el significado de la ceremonia de ordenación de los apóstoles?

No, Jesús no se equivocaba. Los apóstoles sí que realizarían obras mayores. Realizarían bautismos, una obra mucho mayor que la propia creación. Perdonarían pecados, lo cual, según San Agustín, es una obra mucho mayor que resucitar a los muertos. Celebrarían la Misa, que acerca los cielos al mundo. Y todas estas son acciones divinas. Obras mayores. Y no hay obras mayores que éstas. Es por este motivo, por los sacramentos, por el que Jesús ordenó a sus sacerdotes.

La imitación, el más sincero de los sacrificios

Los sacerdotes participan en la vida de Cristo, y su comunión es metafísica. Sin embargo, dicha comunión en esta vida no es completa. El sacerdote debe esforzarse por perfeccionarla a través de una correspondencia superior a la gracia de Dios, y mediante una imitación también superior del ejemplo de Jesús.

Una de las más grandiosas luminarias de la Iglesia naciente, San Cipriano de Cartago, escribió mucho sobre el sacerdocio. Hacia el año 250 d.C, subrayó que «el sacerdote realmente actúa en el lugar de Cristo, imita lo que Cristo realizó y, en consecuencia, ofrece en la Iglesia un sacrificio verdadero y completo a Dios Padre»[1].

---

[1] San Cipriano de Cartago, *Cartas* 63.14.4.

¿Cómo podía el sacerdote llevarlo a cabo? Mediante su correspondencia –explicó San Cipriano, ahondando en detalles–. Dijo que su propia vida de oración estaba «dirigida y guiada»[2] por Cristo. Instó a los sacerdotes «a meditar [sobre las Escrituras] día y noche y a poner cuidado en llevar a cabo todo lo escrito en ellas»[3]. Añadió que los sacerdotes «no sólo deberían enseñar, sino también aprender, porque enseña mejor quien a diario crece y avanza hacia la mejora mediante el aprendizaje»[4]. La totalidad de la vida de un sacerdote debería estar dedicada a «imitar lo que Cristo hizo y enseñó»[5]. Cipriano imitó a Cristo hasta el final, y fue martirizado en el año 250 d.C.

Dos mil años más tarde, este programa no ha variado ni un ápice. Un sacerdote debe orar y también debe estudiar. Está ligado a la obligación de imitar a Cristo realizando el sacrificio de su vida entera, tanto si muere joven como si vive una existencia larga que le permita servir de ejemplo con una vejez fiel.

Los primeros mártires eran plenamente conscientes de ello. Hacia el año 107 d.C, San Ignacio de Antioquía escribió que esperaba con ansia el día de su martirio, que comprendía en clave eucarística. Dijo a los cristianos romanos que sería molido como trigo por los dientes de las fieras, y derramado como una libación de vino.

San Ireneo de Sirmium pronunció en el año 304 d.C. palabras similares, mientras soportaba su tormento final en manos de los torturadores: «Con mi aguante, incluso en estos momentos ofrezco sacrificio a mi Dios, a quien siempre lo he ofrecido».

Un sacerdote ofrece su vida cuando ofrece la Misa. Y lo hace imitando a Cristo. Al fin y al cabo, la Última Cena (la ofrenda sacerdotal de Jesús) convirtió la repetición de una costumbre en el sacrificio que salvaría al mundo.

---

[2] Ibid, 216.
[3] Ibid.
[4] Ibid.
[5] Ibid, 217.

Poniendo fin a los saltos generacionales

Un sacerdote vive en la Iglesia como hijo, como hermano y como padre (hijo de Dios, hermano de Cristo y padre de sus fieles). ¿Cómo puede un hombre desempeñar estos tres papeles en la misma familia?

En el esquema actual, podría resultar un tanto inusual; pero en el orden bíblico, la amplia familia vivía unida como una tribu, y de los jóvenes (hermanos) se esperaba que fuesen creciendo hasta desempeñar funciones propias de los padres. Por tanto, un abuelo, su hijo y su nieto podían trabajar en el mismo oficio, y todos ellos podían servir a la familia como sacerdotes domésticos.

La Iglesia adoptó este modelo familiar. En Cristo, todos los cristianos somos iguales sin distinción (Ga 3, 28), es decir, que todos somos hermanos. Jesús fue el primogénito entre muchos hermanos (Rom 8, 29). Sin embargo, un sacerdote es conformado con Cristo de un modo especial: y así, contempla a Jesús como primogénito; pero también sirve a su pueblo como el mismo Cristo, como un hermano mayor ungido.

San Agustín no encontró contradicción alguna entre su papel de padre y hermano. En el sermón del día de su ordenación, dijo a los fieles allí congregados: «Para vosotros soy un obispo. Con vosotros soy un cristiano»[6]. Como sacerdote, era su padre. Como cristiano, era su hermano.

Dos mil años más tarde este programa no ha cambiado. Disfrutamos del privilegio providencial de crecer a la sombra de estos hermanos mayores.

---

[6] San Agustín, *Sermones* 340. 1.

12. EL HOMBRE MISTERIOSO

El sacerdocio de la Nueva Alianza

Hacemos bien en preguntarnos todos: «¿Qué habría hecho Jesús?».

Y aún hacemos mejor si antes podemos responder a la pregunta: «¿Qué hizo Jesús?».

En el último capítulo aprendimos de San Cipriano, sabio obispo de la Iglesia naciente, la importancia de una formación continuada en el sacerdote. Sin embargo, Cipriano se horrorizaría si incluyésemos demasiados puntos clericales en esta lección. Tanto el clero como el laicado deberíamos sentir el deseo de entender más y mejor tanto el sacerdocio de Jesucristo como su significado para quienes vivimos en Cristo y en su Iglesia. Pues es ese sacerdocio, esa ofrenda, ese sacrificio, lo que nos alcanzará la salvación.

Así que nos preguntamos: ¿Qué *hizo* Jesús? ¿Qué *hizo* cuando estableció el sacerdocio de la Nueva Alianza en su sangre?

Lo que hizo fue, ni más ni menos, recapitular toda la historia de la salvación en su propia vida. Conoce el lector los resúmenes de las mejores jugadas, ¿verdad? Un estudio de los momentos más importantes del partido, a la vista del resultado final. El final determina cómo recordaremos el suceso y cómo contaremos la historia.

Así, el Nuevo Testamento proclama a Jesús como Hijo de David, el gran rey de Israel. Así, el Evangelio presenta a Jesús cumpliendo un papel anunciado por Moisés, acudiendo a la montaña para entregar una nueva ley: el Sermón de la Montaña. Así, San Pablo presenta a Jesús cumpliendo las promesas que Dios había realizado a Abraham. Y así, San Pablo explica el bautismo rememorando la historia del diluvio universal.

Podríamos continuar remontándonos en el tiempo. San Pablo presenta explícitamente a Jesús como el nuevo Adán, como el primer hombre que logra aquello en lo que su predecesor falló. Jesús realizó un excelente papel como padre, hijo, hermano, guerrero, maestro, mediador y esposo. En resumen, fue un excelente sacerdote; y con ello, restauró el sacerdocio natural para la humanidad.

Lo que acabo de mencionar tiene tremendas consecuencias para cada cristiano, pues mediante el bautismo nos hemos convertido en una nación de sacerdotes. Todos nosotros hemos sido llamados, en Cristo, a realizar el trabajo para el que Adán fue creado y en el que fracasó. Cada uno de nosotros es llamado a trabajar como sacerdote que consagra el orden temporal. Nuestro altar es nuestro escritorio, la encimera de nuestra cocina, nuestro ordenador portátil, nuestro puesto en la cadena de montaje, nuestra repisa donde cambiar pañales, nuestra mesa de operaciones. Nuestro altar es la tierra que labramos. A través del bautismo, Dios nos ha llamado y nos ha otorgado el poder de convertir nuevamente el mundo entero y todo lo que hay en él en un santuario, en una ofrenda. El sacerdocio de Adán ha sido restaurado en el Nuevo Adán, Jesucristo, en quien vivimos, nos movemos y existimos.

Los fieles santifican el mundo a través del sacerdocio común, pero los sacerdotes de la Iglesia santifican a los fieles mediante los sacramentos.

Esto también fue anunciado de manera poderosa en el Antiguo Testamento en la persona de una figura en la sombra, que aparece mencionada en los capítulos centrales del Libro del Génesis.

Labor en la sombra

Melquisedec es la primera persona en las Escrituras en ser llamada explícitamente sacerdote (en hebreo, *kohen*; cfr. Gn 14, 18-20). De hecho, es la única persona del Génesis identificada como sacerdote del Dios Altísimo, el mismo Dios adorado por Abraham; los demás sacerdotes que encontramos en este libro sobre los inicios son sirvientes de los dioses paganos (cfr. por ejemplo, Gn 41, 45, 50).

Melquisedec es llamado sacerdote, y en su breve aparición realiza acciones vinculadas con el sacerdocio. Él bendice a Abraham. Ofrece el pan y el vino como banquete de alianza o acción de gracias. Acepta un diezmo como tributo.

Se trata de un episodio curioso, porque Melquisedec, ejemplo de proto-sacerdote, no procede del pueblo elegido, el clan de Abraham, sino de la población nativa de la tierra prometida. Es un gentil. Y es el sacerdote-rey de Salem.

En los libros posteriores de la ley no existe tal relación con los sacerdotes gentiles. El único sacerdocio legítimo es el orden establecido por Dios para los descendientes de Aarón en la tribu de Leví. La única bendición válida procede de las manos de los levitas.

Tras este episodio, no encontramos a Melquisedec durante mucho tiempo. La siguiente vez que aparece mencionado (y la última en el Antiguo Testamento) es en el Libro de los Salmos. Aquí es invocado cuando David establece Salem (de ahí en adelante llamada Jerusalén) como capital del reino de Israel. David menciona a Melquisedec, que es sacerdote y rey, como su predecesor; y afirma también que éste es resultado de un decreto divino. «El Señor lo ha jurado y no se arrepiente: "Tú eres sacerdote para siempre según el orden de Melquisedec"» (Sal 110, 4). La afirmación resulta cuanto menos sorprendente porque, durante más de un milenio, Israel sólo había conocido el sacerdocio levítico.

David reivindica, por tanto, un sacerdocio que es más primitivo y puro, un sacerdocio que antecede a la catástrofe del becerro de oro, un sacerdocio anterior a la orden de Aarón y Leví. Es un sacerdocio que podría servir tanto a israelitas como a gentiles en un reino capaz de reunir tanto al pueblo elegido como a las naciones del mundo. Además, es un sacerdocio que continuará con la casa de David y que será heredado por su hijo, el Rey Salomón, pero que en última instancia alcanzará su plenitud en el ungido Hijo de David, el sacerdote-rey final: Jesucristo.

David anuncia la inminente restauración del orden familiar de un sacerdocio que funcionaba muchos siglos antes de que los padres fuesen apartados de él por su idolatría. Además, David anuncia una nueva universalidad simbolizada a través del sacerdote-rey Melquisedec, que no era levita, ni tan siquiera israelita, ni tampoco de la familia de Abraham.

David lo anuncia con gran solemnidad en el Salmo 110.

Mas ocurre otra cosa curiosa. Con la misma rapidez que Melquisedec aparece y desaparece del Génesis, emerge de entre las sombras e inmediatamente se desvanece de nuevo en los Salmos. Y ya no vuelve a aparecer su nombre en el Antiguo Testamento.

Así en la tierra como en el cielo

Habrán de pasar otros mil años antes de que Melquisedec vuelva a aparecer en escena en los sucesos de la historia de la salvación. Dado que la salvación ha llegado a su plenitud en

Jesucristo, conocemos el final de la historia y observamos, en la Carta a los Hebreos, el significado completo de la figura de Melquisedec.

En esa Carta, Melquisedec aparece como figura clave para entender la persona y el ministerio de Jesucristo. La promesa que Dios había hecho al Rey David se aplica ahora a Jesús: «Tú eres sacerdote para siempre según el orden de Melquisedec» (Hb 7, 17). Lo que aparece implícito en la afirmación de David se encuentra ahora explícito en la plenitud de la revelación: Cristo «ha sido constituido, no según las normas de una ley carnal sino según la fuerza de una vida indestructible» (Hb 7, 16).

A diferencia de los levitas que sirvieron en el Templo, el oficio de Jesús no depende de la ley ni de la genealogía (Hb 7, 16). Tampoco está vinculado a un periodo de servicio como lo estaban los levitas. Jesús, el sacerdote-rey, gobierna y ostenta su ministerio por toda la eternidad en la Jerusalén celestial (Hb 12, 22). Los levitas sólo podían copiar los ritos celestiales de acuerdo con lo establecido (Hb 8, 5). Cristo «entró de una vez para siempre en el Santuario y consiguió así una redención eterna. Porque si la sangre de machos cabríos y toros y la aspersión de la ceniza de una vaca pueden santificar a los impuros para la purificación de la carne, ¡cuánto más la sangre de Cristo, que por el Espíritu eterno se ofreció a sí mismo como víctima inmaculada a Dios, limpiará de las obras muertas nuestra conciencia para dar culto al Dios vivo!» (Hb 9, 12-14).

La forma original del sacerdocio basada en el orden natural de la familia es un modelo terrenal de lo que ya ha sido establecido en la familia de Dios. El Padre ha elevado a su Hijo, Jesucristo, su primogénito, exaltándole por encima de los ángeles y los levitas, antiguos mediadores de la alianza. Como hijo mayor, es el heredero, y posee autoridad sobre toda la creación. Sirve a la familia de creyentes como si fuesen sus hermanos (cfr. Hb 2, 11) y sus hijos (Hb 2, 13).

En la Jerusalén celestial, en la Iglesia del primogénito, Jesús ofrece al Padre su cuerpo (Hb 10, 10) y su sangre (Hb 9, 12). En la tierra, y a través de la liturgia de la Iglesia, recibimos de su altar (Hb 13, 10) los dones que Él ha ofrecido. Para nosotros tienen la apariencia de pan y vino, los mismos elementos ofrecidos en acción de gracias por el sacerdote-rey Melquisedec, y más tarde en la *Todah* u ofrenda de gracias, por parte del sacerdote-rey David.

Todo lo antiguo vuelve a ser nuevo (recapitulado, resumido) y ahora será nuevo por siempre.

Quien es padre una vez…

Éste es el sacerdocio que Jesús comparte con sus ministros en la Iglesia de la tierra. Los apóstoles lo sabían; e incluso aunque no pertenecían a la tribu de Leví, las primeras historias nos cuentan que solían pasearse vistiendo la indumentaria de un sacerdote. Esto, como mínimo, habría resultado provocador. Pero resulta que era, sencillamente, lo que debían hacer. Eran sacerdotes.

Su sacerdocio poseía un carácter permanente, y confirieron este carácter a las generaciones posteriores mediante el sacramento del Orden. Cada sacerdote es, al igual que Jesús, «sacerdote para la eternidad».

Su inconfundible atuendo los diferencia cuando pasean por la ciudad, pero esto no constituye más que un signo de su gracia interior. Se trata de un signo que implica una vida dedicada, una vida extraída de la multitud que encuentra una satisfacción celestial a pesar de estar en la tierra. El alzacuello de un sacerdote representa una humanidad y una paternidad esculpidas según sus modelos divinos y eternos.

Ya hemos visto la diferencia, ¿verdad? La hemos visto en las vidas del Padre Ciclón, el Padre Gruñón, San Ireneo de Sirmium, San Policarpo, San Pionio, San Damián de Molokai y nuestro *quarterback*, Joe Freedy.

Dios llamó a estos hombres para disfrutar de las bendiciones celestiales, para servir en el sacerdocio del primogénito. Los llamó para convertirse en hombres como Jesucristo, padres y hermanos mayores de una multitud. Los llamó para realizar obras mayores que las que el propio Cristo llevó a cabo durante su ministerio terrenal. Y, lo que es más, ellos respondieron a la llamada con un sonoro sí.

Como Melquisedec, son muchos los llamados a salir de las sombras, de las zonas en penumbra de la sociedad. Y son llamados, como ya hemos visto, a dejar los vestuarios y las trincheras. Son llamados a abandonar el parqué del patio de operaciones de la bolsa. Son llamados a salir de las clases, de las salas de juntas e incluso de las enfermerías.

Son llamados a convertirse en sacerdotes para siempre. Son llamados hacia algo permanente, más permanente que el matrimonio, que dura únicamente mientras viven los esposos. El sacerdocio es más permanente que las pirámides de Egipto y el Coliseo, más permanente, en realidad, que el mismo Himalaya. Mucho después de que las montañas se hayan desgastado hasta convertirse en polvo, Pedro y Pablo, Ignacio y Cipriano, incluso el sacerdote de la iglesia más próxima, seguirán siendo sacerdotes.

Esta es la fe cristiana. En el siglo IV, San Gregorio Nacianceno escribió una famosa oración llorando la pérdida de su mentor, San Basilio el Grande. Encontró consuelo en saber que Basilio, en su día sacerdote de la Iglesia en la tierra, sería por siempre sacerdote en los cielos. «Y ahora se encuentra en los cielos donde, si no me equivoco, ofrece sacrificios por nosotros y ora por el pueblo. Pues aunque nos ha dejado, no lo ha hecho plenamente»[1].

---

[1] San Gregorio Nacianceno, *Oraciones* 43. 80.

Quien es padre una vez, será padre por el resto de sus días. Quien es sacerdote una vez, será padre siempre, y siempre ofrecerá sacrificios por su pueblo, sin apartarlo nunca de su corazón.

¿Actúa el hombre siempre de la manera que debería, de acuerdo con la dignidad de su vocación? ¿Y el sacerdote? ¿Y el padre? ¿Y yo?

Por muy triste que resulte reconocerlo, la respuesta es no. Aun así, todos seguimos teniendo con los sacerdotes y con los padres una deuda de gratitud. Dios les ha utilizado como canales de gracia para nosotros, y ellos han aceptado ser utilizados por Dios por nuestro bien. Nuestros padres naturales nos dieron alimento, ropa, cobijo y sus salarios, ganados mediante duro trabajo. Nuestros sacerdotes nos dan los sacramentos del amor de Cristo. Pocas personas nos darán tanto en la vida. Pocas personas, en cambio, se mostrarán tan vulnerables ante nuestras críticas. Debemos aprender a perdonar a nuestros padres y sacerdotes, y a amarlos por lo que son y por lo que han logrado llevar a cabo. Debemos dejar de juzgarlos por sus fallos. Hemos de aprender a pedirles perdón, al menos por nuestra ingratitud, y comprometernos a amarlos más.

A este lado del cielo, ningún hombre puede estar verdaderamente a la altura del regalo del sacerdocio. Es un don demasiado espléndido, propio de un Dios demasiado generoso. Cuando los hombres conozcan lo que en realidad es el sacerdocio, se sentirán instintivamente atraídos hacia él. Intrínsecamente atraídos. Cuando un joven me dice que nunca se ha sentido atraído por la vida sacerdotal, no me cabe duda de una cosa: nunca ha llegado a entender el sacerdocio.

Hace poco, el *Washington Post* entrevistó a un sacerdote la víspera de su ordenación. El joven le explicaba al reportero lo siguiente:

«Existe una razón por la que se llama 'Padre' a un sacerdote: porque te conviertes en padre de muchos. Estás con ellos cuando bautizas a sus hijos, cuando entierras a sus padres, cuando un hombre y una mujer se convierten en esposos, los ayudas a las dos de la madrugada cuando la abuelita agoniza en el hospital...». Sus ojos se llenaron de lágrimas. «Esta es la fuente de toda alegría, y estoy impaciente».

Para él, la alegría y el ansia de paternidad no habían hecho más que empezar. El sacrificio dura un tiempo, lo sé por experiencia propia. Pero la alegría... La alegría no cesa jamás.

ESTE LIBRO, PUBLICADO POR
EDICIONES RIALP, S. A.,
MANUEL URIBE 13-15, 28033 MADRID,
SE TERMINÓ DE IMPRIMIR EN
ANZOS, S. L., FUENLABRADA (MADRID),
EL DÍA 8 DE ABRIL DE 2025.